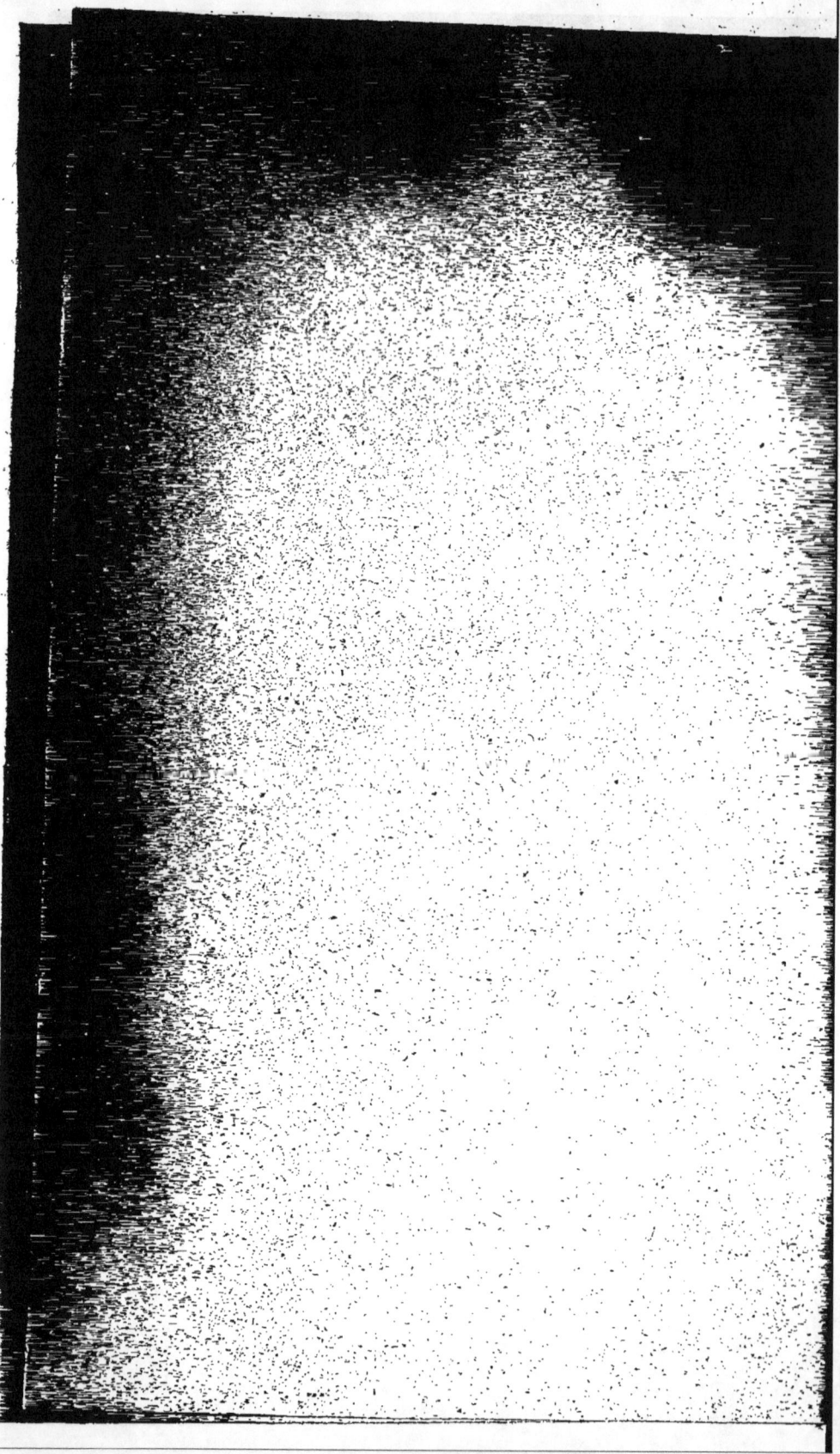

1966

LE
FILS DU MAQUIGNON

OUVRAGES DE Mme LA VICOMTESSE DE PITRAY
QUI SE TROUVENT A LA MÊME LIBRAIRIE

Les enfants des Tuileries ; 3e édition. 1 volume avec 29 vignettes par Bayard.

Les débuts du gros Philéas ; 2e édition. 1 volume avec 57 vignettes par H. Castelli.

Le château de la Pétaudière ; 2e édition. 1 volume avec 78 vignettes par A. Marie.

21209. — Typographie Lahure, rue de Fleurus, 9, à Paris.

LE
FILS DU MAQUIGNON

PAR

Mme LA VICOMTESSE DE PITRAY-ÉGAL

née de SÉGUR

OUVRAGE

ILLUSTRÉ DE 65 VIGNETTES SUR BOIS

PAR RIOU

PARIS
LIBRAIRIE HACHETTE ET Cie
79, BOULEVARD SAINT-GERMAIN, 79

1878

Droits de propriété et de traduction réservés

A MARIA ANGELINE S...

Acceptez cette dédicace, vous que j'aime, vous qui m'aimez ! vous avez souffert et pleuré avec vos amis de Livet : il est bien juste de sourire avec eux : ayez votre part d'un attachement dont je suis heureuse de vous donner ici l'assurance et la preuve.

Vicomtesse de PITRAY
née de Ségur.

Livet, 11 octobre 1878.

LE FILS DU MAQUIGNON

CHAPITRE I

Tristes explications

Il est sept heures du soir : en été, ce moment est le plus beau de la journée. La chaleur est alors tempérée par la brise qui s'élève ; la campagne est pleine de parfums ; de vagues rumeurs attestent la joie des travailleurs aspirant au repos. Dans la grande ferme de Mahéru, en Normandie, tout donnait l'exemple de l'activité incessante, nécessaire à un grand faire-valoir. On était en 1853 : la paix donnait une impulsion puissante à l'agriculture. Qui devait le savoir mieux que Robert Hardy, le maître de la belle ferme dont nous venons de parler ? Ses écuries renfermaient de superbes chevaux, types de force et d'énergie, aux allures fières, à l'encolure puissante. Ses étables regorgeaient de bestiaux justement renommés pour leur belle apparence et leurs solides qualités. Dans ses herbages paissaient à l'envi des bœufs magnifiques, déjà convoités par les marchands des environs, et dans la basse-cour s'ébattait tout un peuple de volailles. Au moment où nous commençons cette histoire, l'appel d'une femme qui se dirigeait vers la grange, pour y chercher le souper de ses bêtes, faisait accourir poules, canards, oies et dindons.

Au milieu de ce spectacle de tranquille prospérité, pourquoi donc le front de la maîtresse est-il assombri ? Pourquoi ses yeux inquiets se détournent-ils de leur tendre contemplation ? car près d'elle est un garçon de douze ans, enfant aux joues roses et fraîches, aux yeux bleus, au regard franc et déjà énergique, aux beaux cheveux châtains bouclés, et la mère aime, on le voit bien vite, à regarder travailler son fils. Singulier travail que celui de cet enfant ! Il manie, avec

Elle faisait accourir poules, canards, oies et dindons.

un soin plein d'une adresse naïve, une statuette informe de terre glaise et paraît prendre à tâche de la dégrossir et de la perfectionner. L'enfant est absorbé dans son œuvre, parfois même il respire à peine! Le doux et intelligent visage de la mère s'illumine, en suivant les progrès de cette œuvre enfantine.... Mais pourquoi les yeux de la fermière se détournent-ils soudain pour regarder du côté de la grande route?

Le petit garçon ne s'y trompe pas, lui!

« Mère, dit-il, en cessant son travail et en allant vers la jeune femme, mère, tu es tourmentée de ne pas voir papa arriver, n'est-ce pas? »

La fermière tressaillit; ses grands yeux bruns se troublèrent, voilés par des larmes.

« Il remarque tout, le pauvre petit, murmura-t-elle. O mon Dieu! faites que je me trompe : ce serait la troisième fois....

— Tu ne me réponds pas, mère? reprit l'enfant en regardant la jeune femme avec insistance.

— Il arrivera bientôt.... tout à l'heure, balbutia la pauvre mère confuse; tu sais bien que c'est jour de grande foire aujourd'hui; ton père a beaucoup d'affaires.

— L'année dernière, reprit le petit garçon qui réfléchissait, papa revenait de meilleure heure.

— Tu l'as remarqué? » dit la fermière en tressaillant.

L'enfant baissa la tête, et un certain embarras se peignit sur sa figure candide.

« C'est Isidore Grimbart qui le disait ce matin, murmura-t-il, et il riait en ajoutant : Le changement amène du grabuge. — Qu'est-ce qu'il voulait dire par là ? »

La jeune femme se laissa tomber sur un banc de pierre devant la grange, en se couvrant la figure avec ses mains.

Étonné, interdit, le petit garçon s'approcha vivement.

« T'ai-je fait du chagrin, mère chérie ? murmura-t-il d'une voix émue. Oh ! j'en serais désolé.... »

Par un puissant effort de volonté, la fermière, refoulant sa douleur, embrassa son fils avec passion et s'écria :

« Et les pauvres volailles ! nous les faisons attendre. Vite ! mon Germain, aide-moi à les faire manger, je suis en retard !

— M'as-tu pardonné, mère ? reprit l'enfant dont les yeux étaient humides.

— Je n'ai qu'à me réjouir de ta conduite, » répondit la mère avec une tendresse mêlée de douleur. Puis elle s'occupa fiévreusement de sa besogne, tout en se disant : « On a déjà remarqué quelque chose. O mon Dieu ! qu'y aura-t-il ce soir ? »

Les appels des travailleurs, qui rentraient à

la ferme, hâtèrent son retour au logis : elle y revint, alerte et souriante, distribuant à tous des éloges et de bonnes paroles et tâchant de dissimuler l'inexplicable retard de son mari.

L'appétit général fit accueillir avec acclamation l'excellent repas préparé par les mains habiles de la jeune femme, et le repas du soir allait s'achever, tranquille et gai, quand une voix sonore se fit entendre dans la cour, et les claquements d'un fouet, des bruits de roues et les trépignements d'un cheval annoncèrent à tous l'arrivée du maître.

Chose étrange, la jeune femme devint fort pâle ! Elle s'élança dans la cour en empêchant les autres de l'accompagner, sauf Porphyre, robuste valet de ferme originaire d'Auvergne, qui semblait taillé à coups de hache et dont le dévouement absolu et de longue date était proverbial dans le pays.

Tandis que Porphyre allait prendre la bride du cheval de son maître, Julienne, les lèvres serrées, aidait Robert à descendre de voiture.... oui, elle *devait* l'aider, le soutenir même !

Il était bien heureux que Germain fût resté dans la salle, absorbé dans la contemplation d'une vieille sculpture ; un ouvrier la lui avait prêtée le matin, sur sa demande, avant de la porter au brocanteur de la ville. Qu'aurait dit l'enfant en revoyant son père? Mais était-ce bien son père, cet être qui s'avançait en chancelant et qui pesait de tout son poids sur la jeune femme!

Julienne mena en silence son mari jusqu'à la porte de l'escalier.

« Où me mènes-tu donc, femme? dit alors en balbutiant le fermier; je n'ai pas soupé, allons à la salle.

— Pas maintenant, oh non! pas maintenant, dit Julienne d'une voix saccadée; nous *devons* aller chez toi, d'abord. »

Il y avait dans la voix de la jeune femme un tel accent d'énergie que Robert se sentit remué; les fumées du vin se dissipèrent alors en partie: il suivit sa femme, et tous deux entrèrent en silence dans la chambre du fermier.

Arrivée là, Julienne fit asseoir son mari, s'assit elle-même à côté de lui et dit d'une voix grave :

« Es-tu en état de me comprendre?

— Que veux-tu dire? balbutia Robert avec un mélange de trouble et d'irritation.

— Robert, reprit sa femme en le regardant en face, je me suis tue jusqu'à présent, j'espérais que cette année tu ne recommencerais plus les folies de l'an dernier.... Je m'étais trompée! Dans quel état tu es, ce soir! Pourrais-tu supporter sans rougir les regards de tes ouvriers? Ceux-là ont honorablement passé leur journée, tandis que toi.... Oh! Robert, devais-je jamais croire que tu en arriverais là? »

Un sanglot éteignit la voix de Julienne. Robert l'écoutait, muet, attéré. Pendant que la jeune femme parlait d'une voix émue et vibrante, quelques rayons de lune glissant dans la chambre éclairaient les deux époux. C'était une scène triste et touchante. Julienne était là, debout, animée, remplie d'une émotion exaltée, d'une indignation profonde! Sa figure, déjà fatiguée par ses durs travaux quotidiens, offrait encore un charme puissant par l'expression de sa physionomie intelligente. Ses grands yeux noirs, cerclés de bistre, s'attachaient douloureusement sur le visage de Robert et le contemplaient avec un amour désolé que rien ne pouvait vaincre ni lasser. Sa taille svelte était pleine de cette grâce particulière au charme qui s'ignore. Une poésie étrange et vraie accompagnait chacun de ses mouvements. On s'expliquait, en la regardant, l'enthousiasme plein d'admiration qui était le caractère dominant de la tendresse de Germain pour sa mère.

En face d'elle, Robert, debout et frémissant, offrait le type de la belle et forte race normande. Grand, robuste et svelte, il avait des yeux bleus dont Julienne aimait à reconnaître la ressemblanc en Germain, et ses cheveux bouclés avaient également le reflet doré dont Julienne était fière en caressant la tête de son fils. Le visage de Robert était donc le type de celui de son enfant comme traits, mais comme traits seulement; là s'arrêtait la ressemblance. Mobiles et indécis, les yeux du fermier n'avaient rien du feu, de l'énergie que l'on remarquait chez Germain; dans l'expression de la figure, autant celle du père était molle et incertaine, autant celle du fils était animée comme celle de Julienne.

La jeune femme le constatait avec douleur; aussi reprit-elle d'une voix brisée :

« Ah! que tu es faible, mon pauvre Robert! Quand donc sauras-tu repousser tes faux amis et vivre en bon père de famille, sobre et rangé? »

Le rouge couvrit la figure de Robert, et son visage, ordinairement gai et jovial, se contracta soudain.

« Ah! que de bruit pour un verre de trop! répondit-il rudement, en repoussant Julienne; je suis libre, au bout du compte! »

Julienne saisit le bras de son mari et le regarda en face.

« Tu es libre? s'écria-t-elle, tu es libre, dis-tu? Et de quoi? Si c'est de donner le bon exemple, de faire taire tes détracteurs, de tenir tes serments vis-à-vis de moi... oui, cela, tu peux et dois le faire; mais être libre de négliger ta famille, les intérêts de ton enfant (je ne veux pas parler des miens, tu le sais bien, n'est-ce pas?), être libre de te déshonorer, oh! cela, non; tu n'en as pas le droit, et moi, ta femme, ta meilleure, ta seule amie, je m'y opposerai jusqu'à mon dernier souffle. »

Outré par cette réplique, Robert s'avançait vers elle en la menaçant, mais soudain sa voix s'arrêta dans son gosier, une pâleur mortelle envahit ses traits lorsque Julienne, après une crise de toux, retira de sa bouche un mouchoir sanglant....

« Qu'est-ce que c'est que cela? murmura-t-il d'une voix étouffée.

— Cela! soupira Julienne, c'était mon secret jusqu'ici, ce sera le tien aussi, et tu ne le garderas pas longtemps peut-être.... »

Foudroyé par cette révélation, Robert, éperdu, saisit les mains de sa femme et lui jura avec des sanglots de ne plus se laisser entraîner, comme il venait de le faire, et de ne plus boire avec excès.

Julienne l'écoutait avec un triste sourire. Disait-il vrai? tiendrait-il enfin sa promesse? Depuis deux ans déjà, la rencontre de Léon Fridoux, ancien camarade de Robert, avait mis le désordre dans ce ménage, jusqu'alors si tranquille et si bien tenu. Au douloureux étonnement de Julienne, les jours de marché et les jours de foire étaient devenus pour Robert des jours de dissipation et de désordre. Ses affaires changeaient de face, et le public commençait à s'étonner des allures dissipées d'un homme que tous admiraient jadis comme un des premiers parmi les plus honnêtes et les plus travailleurs.

Au sortir de ce lugubre entretien, Julienne amena son mari, devenu sombre et muet, dans la salle commune, et elle parla tout haut avec intention du bon résultat de la journée pour la ferme ; mais il y eut des incrédules parmi ceux qui l'entouraient.

« La maîtresse a biau dire, chuchota Grimbart à sa voisine la mère Gaudry ; alle était tout ennuyée quand son homme est revenu si tard, et parlant si fort; m'est avis qu'il était un brin trop en l'air.

— Ça serait pas la première fois, répondit la mère Gaudry, sur le même ton confidentiel. Vous rappelez-vous l'année dernière après la Guibray[1]? C'était la même chanson. Et à la Saint-Martin donc!

— Sans compter, reprit Grimbart, que le père

1. Grande foire de Normandie.

Pichu n'est pas content de son achat de la Noël. L' fait est que.... »

Un formidable coup de poing dans le dos fit bondir le bavard et l'arrêta net. Il se retourna vivement et se trouva en face de Porphyre, qui se mit à rire en lui frappant sur l'épaule.

« Toujours mauvaije langue, père Grimbart, dit-il avec bonhomie; faut vous j'arêter, car cha n' finirait pas bien, chi cha continuait, voyez vous! et nous cherionj obligés de caujer. »

« Obligés de causer. » Ces mots firent frémir Grimbart. Deux fois déjà Porphyre avait *causé* avec des gens qui s'étaient permis de parler peu poliment de ses maîtres, et chaque fois les bavards avaient été cruellement meurtris par le fidèle et redoutable Auvergnat. Aussi fit-il force excuses, tout en s'esquivant, excuses que Porphyre accueillit en grommelant sourdement.

Peu à peu le silence se fit à la ferme, et lorsque les ouvriers se furent retirés en jasant, Julienne eut grand'peine à empêcher Robert de partir pour aller chercher le médecin. Ses tendres instances pour faire remettre cette course au lendemain augmentèrent, s'il se peut, les remords de Robert, et ce fut lui qui, au grand étonnement et à la joie naïve de Germain, veilla au coucher de son fils. Le cœur de Julienne battait de joie en voyant ces soins du père pour l'enfant et, malgré cela, une sourde douleur lui faisait dire au fond du cœur : « Ce retour au bien est-il sérieux? sera-t-il durable? »

CHAPITTE II

Le petit sauvage

Le lendemain au petit jour, Robert avait sellé sa jument la plus vigoureuse et courait à la ville pour en ramener le docteur Bonnel, connu avec raison pour être la providence de tous les malades. Pendant ce temps, Julienne, qui avait été le voir partir de la ferme, suivait pensivement des yeux le cavalier, lorsqu'une voix d'enfant, brusque, étrange, résonna soudain à ses côtés et la fit tressaillir. Elle se retourna vivement et reconnut la figure éveillée, narquoise et intelligente de Friquet, dont la physionomie, toujours originale et bizarre, lui était familière. C'était un petit voisin, le fils de Fridoux, qui excitait la pitié générale. Depuis la mort de sa mère, sans cesse rudoyé par son père qui en faisait un véritable martyr, vêtu de haillons, à peine nourri, battu et bafoué, le petit Friquet vivait on ne sait comment, car les mauvais traitements l'avaient rendu craintif, sombre et farouche, et il se cachait lorsqu'il voyait quelqu'un venir de son côté. Souvent, hélas! son instinct le servait bien, car des railleries, des paroles dures lui étaient sans cesse adressées par les mauvais sujets qui fréquentaient Fridoux. Le pauvre enfant, habitué aux mauvais traitements, fut donc tout saisi lorsqu'un jour, après une chute qui l'avait étourdi, il avait senti une petite main compatissante le relever, frotter ses meurtrissures avec de l'eau fraîche, et qu'il avait entendu la bonne voix de Germain lui dire avec amitié :

« Tu t'es fait bien du mal, mon pauvre Friquet! »

Le petit abandonné n'avait osé répondre. Il avait peur de cette cordialité, si nouvelle pour lui! Il se contenta de grommeler quelque chose de parfaitement inintelligible.

Germain ne s'était pas découragé. Que de fois les cris du pauvre Friquet, battu cruellement, l'avaient fait tressaillir de douleur et d'indignation! Que de fois il s'était dit, le brave cœur : « Que ne puis-je lui venir en aide! »

Et ce vœu s'exauçait! On juge de la joie généreuse de Germain. Il avait peur néanmoins de s'y prendre mal; aussi fut-ce avec une sorte de timidité qu'il dit à Friquet, immobile et les bras sur la figure :

« Tu n'as plus besoin de rien, Friquet? »

Pas de réponse!

Que faire? Germain poussa un gros soupir.

Friquet s'agita, puis redevint immobile.

« Je suis bien content de t'avoir soigné, reprit Germain décontenancé. Allons, au revoir, j'espère, mon cher Friquet. »

Mon cher Friquet! Ah! personne n'avait ainsi appelé le pauvre enfant depuis qu'une voix chérie, muette, hélas! depuis longtemps, avait caressé les oreilles du petit abandonné par un accent affectueux : l'accent.... oui, l'accent de Germain! Ces pensées, ce souvenir firent chanceler l'orphelin.... Soudain ses bras s'ouvrirent, il bondit vers Germain et se jeta dans les bras de ce dernier, tout ému.

Friquet sanglota longtemps en silence sur la poitrine de cet ami que Dieu envoyait à sa détresse solitaire : ce pauvre cœur sans affection s'attachait avec transport à cette tendresse, et ce fut à grand'peine qu'il pût confier à Germain les idées qui tourbillonnaient dans sa tête.

Depuis ce temps, Friquet s'était fait l'ombre

de Germain. Il l'aimait avec passion, mais à sa manière, en vrai sauvage. On le craignait, et avec raison, dans le village, car il était impossible de dire le moindre mot, de faire la moindre chose hostile à Germain ou à ses parents, sans en recevoir promptement un châtiment exemplaire. Tantôt c'était la marmite du coupable qui était renversée; tantôt c'était un nuage de poussière sablant un succulent fromage. Friquet était redouté des bonnes gens auxquelles il paraissait comme un vrai feu follet, tant il avait une manière bizarre et soudaine de paraître et de disparaître comme le magicien Rothomago Il va sans dire que les goûts de Germain étaient l'objet d'une ardente sympathie de la part de Friquet. Que de fois il avait patiemment nettoyé les sculptures enfumées des piliers de l'église, afin de permettre à Germain d'en mieux observer les formes et les détails ! Il se réjouissait avec le petit travailleur lorsqu'une œuvre de Germain semblait avoir réussi. C'était lui qui apportait à Germain la terre glaise la meilleure pour ses figurines; c'était lui qui préparait les planchettes que Germain s'efforçait de creuser avec son couteau pour reproduire grossièrement les personnages rêvés par son cerveau enfantin. Friquet n'était pas moins ravi que Julienne de ces travaux incessants de son ami.

C'était donc Friquet qui était venu trouver Germain dans la salle, et c'était sa voix saccadée qui interpellait son ami.

« Tu es seul, hein? T'as de la chance, toi, ce matin : pus qu'ça de soupe?

« En veux-tu? demanda vivement Germain, en lui offrant son écuelle.

« Et ta mère, qu'est-ce qu'elle te dira? Elle va te battre, si tu m' donnes à manger, repartit Friquet, qui recula, mais avec des yeux brillants de convoitise.

— La mère veut que ses deux enfants mangent à leur appétit, » dit une voix douce.

Les petits garçons se retournèrent vivement et virent Julienne qui s'avançait, en leur souriant avec mélancolie.

« Merci, maman! merci, madame Julienne! s'écrièrent-ils à la fois, en saisissant l'assiette qu'elle leur présentait.

— Mon petit Friquet, reprit-elle, viens manger ici sans crainte. De quoi as-tu peur ici? et comment peux-tu croire que je bats Germain?

— C'est vrai, madame Julienne, dit Friquet en se grattant l'oreille d'un air honteux; je n' pensais plus qu'on n' bat jamais les enfants ici. »

Ces paroles firent venir les larmes aux yeux de la fermière.

« .... Et pour c' qui est d'avoir faim, reprit Friquet tout en avalant d'énormes cuillerées, c' déjeuner-là sera mon souper d'hier et la collation idem. »

Germain poussa une exclamation indignée, tandis que la jeune femme joignait les mains avec désolation.

« Oui, c'est comme ça, continua Friquet avec philosophie, tout en s'essuyant la bouche avec le revers de sa main, et encore, c'est que les claques pleuvaient hier soir comme grêle, pour me refaire. Tiens, au fait! s'écria-t-il, comme frappé d'une idée soudaine, l' maître a dû rentrer bien tard, lui aussi, hier au soir? Ah! dame, il paraît que.... »

Ici, Friquet se tut soudain et regarda Germain avec inquiétude.

« Maudite langue! grommela-t-il; je n' pourrai donc pas m' retenir de jacasser?... »

A ce moment, on entendit une voix avinée dans le lointain.

« Mon père! Je m' sauve, » s'écria Friquet d'un accent sauvage.

Et tout en jetant un coup d'œil farouche sur son tyran, il s'élança par la fenêtre et fit un saut de dix pieds avec l'agilité d'un chat-tigre.

La figure de Julienne s'était assombrie en voyant arriver Fridoux : elle contemplait avec dégoût cette figure bestiale illuminée par l'ivresse. La laideur de cet homme était rendue plus désagréable encore par une longueur de tête démesurée et deux petits yeux verts, ronds comme ceux d'un chat; ces yeux semblaient incapables d'exprimer un bon sentiment. La fermière se demandait ce que venait faire chez elle cet ivrogne, qu'elle savait être le mauvais génie de Robert. Avec la persévérance diabolique d'une nature perverse, Fridoux s'attachait à corrompre le fermier, à développer ses mauvais penchants, à étouffer ses bonnes qualités, ses nobles instincts. Il avait pour complice la faiblesse et l'insouciance de Robert; en outre, Fridoux en voulait à Germain de son amitié pour Friquet; il gardait rancune à Julienne de sa bonté généreuse pour son souffre-douleur; il redoublait donc d'acharnement à perdre son ami et il se disait avec une jalousie haineuse : « Ils ne feront pas longtemps les fiers, grâce à moi. »

Fridoux, malgré son ivresse, s'entendait bien à tourmenter les autres; aussi se garda-t-il d'entrer chez Julienne et alla-t-il vers l'écurie le plus bruyamment possible; il en sortit un cheval, le meilleur des animaux de travail, lui mit un licol et se disposa à l'emmener en sifflant d'un air narquois.

Julienne l'avait regardé faire avec stupeur....

Mais quand elle le vit se diriger vers la barrière, la voix lui revint, et elle s'élança vers Fridoux en lui criant d'arrêter. Ce dernier se retourna et la regarda avec insolence.

« Qu'y a-t-il pour votre service, ma voisine? dit-il en ricanant.

— De quel droit emmenez-vous ainsi un de nos chevaux? dit Julienne, tremblante d'émotion.

— Tiens! on n'peut plus prendre son bien ici à présent? En v'là du nouveau! répondit Fridoux.

— Votre bien? c'est trop fort! s'écria Julienne suffoquée. Vous avez acheté ce cheval à Robert? Quand donc, s'il vous plaît? combien? où est l'argent?

— Oh! oh! vous êtes curieuse, la petite mère, repartit le méchant homme en clignant de l'œil : c'est l'affaire de Robert et la mienne, s'il vous plaît.

— Ch'est-il comme cha que vous répondez à la maîtrèche? » dit soudain une voix rude.

Fridoux se retourna effaré et se vit en face de Porphyre, qui s'approchait les poings fermés.

« Toi, méchant charabia, laisse-moi la paix, dit-il avec colère, tu n'as rien à.... Aïe, aïe! il m'étrangle.... gre.... co.... grâce, miséricorde! au secours, madame Julienne!...

— Lâche cet homme, Porphyre, » dit sévèrement la jeune femme au valet de ferme, qui s'était jeté sur Fridoux et l'étranglait bel et bien.

Porphyre obéit avec répugnance.

« Cha né cherait pas j'un mal d'echterminer une vermine pareille, allez, maîtrèche ! dit-il (et la lenteur de son langage contrastait bizarrement avec la vivacité de son attaque) ; ne chàvez-vous pas qu'il entraîne toujours not' maître dans ches maudits cabarets ! »

Un geste douloureux de la fermière répondit à ces tristes paroles. Elle se tourna vers Fridoux, qui se frottait le cou en proférant des jurements étouffés.

— Vous ne m'avez pas dit ce qu'il en était à propos de ce cheval, Fridoux ? reprit-elle.

— Vous avez été assez éduquée à la ville, dans l'bieau pensionnat, pour savoir lire l'écriture, n'est-ce pas ? dit Fridoux, qui reprenait son insolence en voyant Porphyre s'éloigner sur un signe de Julienne.

— Que voulez-vous dire ? » s'écria la jeune femme en saisissant un papier chiffonné que lui tendait le drôle.

Et elle lut avec consternation ces mots tracés par Robert :

« Je reconnais avoir vendu mon cheval bai-brun

appelé *Pacifique* à Léon Fridoux, pour la somme de deux cent vingt-cinq francs.

« *Reçu le paiement comptant.*

« L..., le 2 septembre 1853.

« Robert Hardy. »

« Deux cent vingt-cinq francs! C'est un vol, s'écria Julienne, les larmes aux yeux. *Pacifique* en vaut mille. Robert en avait refusé neuf cents francs, il y a quinze jours.

— Laissez donc, dit Fridoux, en regardant la pauvre femme avec une joie cruelle : c'est bien vendu et bien payé. Allons! bonsoir et sans rancune. »

Il partit alors triomphalement en emmenant le bel animal que Porphyre avait soigné jusqu'alors avec tant d'orgueil.

Ce dernier était consterné et furieux : il serrait les poings en se parlant tout bas, mais il n'osait élever la voix, de peur d'augmenter la douleur de Julienne.

Celle-ci était rentrée en chancelant à la maison, les yeux fixes, les mains jointes et ne semblant pas voir Germain qui était resté à la ferme afin d'éviter Fridoux qu'il détestait cordialement.

« Qu'as-tu, maman? » dit le petit garçon, jetant

Allons! bonsoir et sans rancune.

une canne qu'il était en train de sculpter à sa manière et s'empressant au-devant de sa mère.

Julienne se laissa tomber sur une chaise et passa sa main sur son front avec égarement.

« N'y pensons plus ! murmura-t-elle : le mal est fait ! C'était hier ... il se repent maintenant. Ah ! la vie est dure parfois. »

Le bruit d'une voiture lui fit soudain lever la tête ; c'était le docteur, escorté de Robert.

Julienne embrassa tendrement Germain, le rassura et le fit partir à la hâte pour l'école. Plus tranquille après cela, elle alla recevoir le médecin qui entrait.

Le docteur Bonnel était un homme énergique et gai, dont la rondeur militaire rappelait l'ancien soldat ; il avait été, en effet, pendant quelques années, chirurgien dans un régiment et il avait gardé de ce temps des manières spéciales qui étaient un charme de plus dans sa nature si sympathique.

Son extérieur inspirait la confiance. Qui ne connaissait dans le pays sa physionomie intelligente et gaie, son bon sourire et son regard bienveillant ? Sa brusquerie et ses vivacités étaient le résultat d'une fougue irrésistible, mais toujours pleine de bonhomie ; c'était un attrait qui lui était particulier ; tous le disaient à l'envi.

«Ah! ah! dit-il avec sa vivacité habituelle, tout en allant saluer la jeune femme : nous sommes levée déjà, paraît-il? Bon signe. Et le teint? Pas fameux. Diable! ah! l'on pleure par ici? Je le défends formellement.

— Oh! ce n'est rien, docteur, balbutia Julienne rougissante, tandis que Robert, effrayé, lui saisissait la main.

— C'est toujours sérieux quand on a passé l'âge de raison, ma chère dame, dit le médecin en s'asseyant; confessez-vous, voyons, et surtout soyez franche, dites bien tout. »

Julienne, prise au dépourvu, jeta un regard de détresse sur Robert.

« Compris! s'écria le docteur en riant. Mon ami, vous gênez Madame, c'est clair, n'est-ce pas? Laissez-nous seuls, je crois pouvoir vous promettre de vous rassurer en sortant.

— Faut-il que je m'en aille, Julienne? dit tristement le fermier.

— Seulement quelques minutes, dit la jeune femme avec timidité, ce ne sera pas long, va! Je te rappellerai, mon ami. »

Robert sortit en baissant la tête et alla machinalement vers l'écurie. Arrivé là, il remarqua une stalle vide. « Où est donc *Pacifique?* » dit-il avec brusquerie à Porphyre, qui étrillait un cheval à côté.

L'honnête serviteur se redressa, tout effaré de cette demande. Son maître avait-il donc oublié la vente de l'animal? Le souvenir de son favori lui fit monter le sang au visage et il regarda Robert avec indignation.

« Un chi bon travailleur! murmura-t-il. Ah! not' maître, cha m'a fendu l' cœur de le voir emmener par che... Fridoux! »

Et le brave homme se baissa promptement pour mieux cacher son émotion.

Robert était pétrifié.

« Vendu *Pacifique!*... à Fridoux? Moi, j'ai fait cela?.... quand donc?...

— Monchieur, répondit brusquement l'Auvergnat, faut demander cha à not' maîtrèche; elle a vu le papier de.... de.... che Fridoux et elle a laiché emmener *Pachifique*. »

En disant ces derniers mots, la voix de Porphyre s'éteignit et il dut tousser pour dissimuler un sanglot qui gonflait sa poitrine.

« Ah! je me rappelle, murmura Robert, en se détournant pour cacher sa honte.... et c'est pendant mon absence, ce matin.... Oh! ma pauvre Julienne, il ne lui manquait plus que ça pour augmenter son mal! »

Il alla s'asseoir sur le banc et là il attendit, le cœur plein d'angoisses et de remords.

La porte s'ouvrit enfin et le docteur Bonnel

sortit et fit signe à Robert de venir. — Celui-ci obéit en tremblant.

« Eh bien ! dit-il avec inquiétude.

— Voici une jeune femme, répliqua cordialement le docteur, qui a eu le tort de trop se fatiguer, de ne pas faire attention à sa santé depuis quelque temps ; or elle n'est pas de fer, cette santé, tout en étant très-suffisamment bonne. Morbleu ! dire qu'on est mère de famille, maîtresse de maison et qu'on se laisse aller à cracher le sang ! On va laisser la servante travailler davantage ; on va suivre les prescriptions griffonnées sur ce papier, et dans un mois on viendra me remercier chez moi, de mes conseils et de la santé retrouvée : est-ce convenu ? »

Robert saisit les mains du docteur et les lui serra fortement.

« Ah ! vos paroles me font du bien ! s'écria-t-il ; elle va guérir, ma Julienne, c'est sûr, dites ?

— Qu'est ce qui m'a bâti un entêté pareil ! dit le médecin en se dégageant des étreintes du fermier ; puisque c'est dit, là ! »

Robert était hors de lui... ses remords avaient disparu, la confiance revenait avec la joie dans son cœur et il se joignit à Julienne pour remercier le bon médecin, qui se dirigeait vers sa voiture.

A peine le docteur fut-il parti, que Robert

s'expliqua avec sa femme à propos de la vente déplorable de *Pacifique*. Ses regrets une fois exprimés, il força Julienne à s'étendre sur son lit et à confier à la servante le soin de la ferme. Puis le mari et la femme allèrent dans l'après-midi surprendre Germain à la sortie de la classe et le menèrent voir un château voisin dont il désirait depuis longtemps admirer les raretés artistiques. Grâce à la complaisance de l'intendant, la chose était devenue possible et les transports de Germain devant les œuvres d'art qu'il lui était permis d'approcher montrèrent à ses parents qu'une vocation bien caractérisée se manifestait en lui. Les beaux rêves de Julienne, amie du beau, se changeraient-ils en brillante réalité? La fin de ce jour s'écoula donc, douce et heureuse pour la jeune femme; elle espérait en l'avenir.... Hélas! qu'aurait-elle dit si elle avait su combien il était fâcheux d'avoir trop vite rassuré Robert!

CHAPITRE III

Simplette

Quelques semaines s'écoulèrent tranquilles, heureuses même. Julienne encourageait son fils dans ses goûts artistiques; Robert s'occupait activement; le traitement énergique du docteur avait rétabli Julienne, et Germain était complètement heureux de ce côté-là. La triste vie de Friquet jetait une ombre lugubre sur ses joies. Le pauvre petit était battu plus que jamais par son père ! Le méchant Fridoux était exaspéré de voir Robert lui échapper : il faisait retomber sa colère sur son fils et jamais le pauvre abandonné n'avait été si souvent et si cruellement fustigé. Un soir, qu'il s'était sauvé tout meurtri des mains de son bourreau, il passait dans un champ, lorsque des plaintes étouffées vinrent frapper ses oreilles; il s'arrêta tout court et il écouta : des cris succédèrent aux plaintes.

« Ça vient de chez le père Grimbart, grommela Friquet; oh! le dos me fait encore mal : m'a-t-il tapé, ce soir! C'est bon signe pour les Hardy... c'est des cris d'enfant... et on le bat ferme, j' connais ça... Tiens! ça doit être la nièce de la bonne femme qu'est arrivée il y a deux... Pristi! comme elle pleure! Ah mais! ça n' peut pas durer comme ça. Un garçon, passe encore, mais une pauvre fille... Non, non! c'est impossible; vieux gueux! et il a une verge, encore... Ah! j'ai une idée. » Friquet, leste comme un chat, sauta par-dessus la haie, arrangea sa blouse de façon à cacher sa tête, se mit à quatre pattes, arriva doucement derrière le père Grimbart, et le coiffa d'un seau d'écurie en poussant un rugissement horrible. La frayeur du paysan fut si vive, qu'il laissa tomber sa baguette et s'élança dans sa maison, croyant avoir affaire tout au moins à un lutin, tandis que la pauvre fillette, ainsi délivrée, restait immobile, saisie d'effroi.

« Chut! dit Friquet à voix basse en la saisissant par le poignet; viens, laisse-le se barricader et.... n'aie donc pas peur, petite bête! ajouta-t-il en remettant sa blouse sur son dos; c'est moi, Friquet, ton voisin. »

La petite fille cessa de se débattre et, à moitié rassurée, suivit docilement son jeune sauveur.

« Là ! dit Friquet au bout de quelques instants : nous v'là hors de la cour ! Te battait-il dur, hein ? l' mauvais gueux ! Qu'est-ce que tu lui avais donc fait ?

— Rien, mon bon monsieur, » dit la fillette d'une voix tremblante.

Friquet éclata de rire.

« En v'là une idée, d' m'appeler « monsieur », s'écria-t-il; j' suis Friquet tout court, entends-tu ?

— Oui, mons... oui, Friquet, répliqua doucement la petite.

— Tu t'appelles Simplette, toi, n'est-ce pas ? reprit Friquet.

— Plus maintenant, répondit l'enfant, mon oncle ne m' nomme que « la bête » et dame ! j' crois qu'il a raison : j' n'entends rien à c' qu'il veut m' faire faire, voyez-vous ! Quand il m'emmène vendre ses œufs à la ville, je n' peux pas les donner comme frais lorsqu'ils sont vieux ; je n' m'entends point à donner d' la couleur à son beurre, qu'est décoloré ; alors tout ça l'ennuie et il m' bat : v'la tout. »

Friquet regardait en silence la petite fille dont

la voix douce expliquait sans colère ce qu'il en était.

« Pauv' petite fille ! lui dit-il enfin, t'es aussi malheureuse que moi ; mais ça ira mieux maintenant : je t' prends sous ma protection et, foi de Friquet, Grimbart aura affaire à moi, chaque fois qu'il lèvera sa patte sur ton pauv' dos. Attends ! j' vas le lui dire.

— Oh ! mons.... oh ! Friquet, non, je vous en prie ; ne le mettez pas en colère ! s'écria la fillette avec frayeur. Il dit comme ça qu' vous êtes méchant comme il n'est pas possible ; il a tort tout de même : vous êtes bon pour moi, j' n'ai plus peur de vous, à c't'heure.

— Il a raison, ton oncle, reprit tranquillement Friquet ; j' suis méchant pour tous ceux d'ici, excepté pour mon ami Germain, sa mère qu'est bonne tout plein, son père.... et toi à présent ; n' tremble donc plus, p'tite bécasse, et attends-moi là, j' vas arranger ton affaire. »

Et Friquet, sans écouter les timides prières de Simplette, alla résolument vers la maison de Grimbart. Que lui dit-il ? Des choses décisives certes : il le fallait bien pour décider le paysan à rappeler sa nièce et à lui faire bon accueil. Friquet avait surpris Grimbart peu de jours auparavant à l'affût en temps prohibé. La menace de tout révéler aux gendarmes rendit donc le braconnier souple comme un gant. Simplette rentra, effarée et ravie : son cœur naïf était plein de reconnaissance pour son nouveau protecteur et elle se promit de lui témoigner sa gratitude le mieux possible.

A partir de ce jour, un lien amical réunit les cœurs de ces enfants malheureux. Ils se voyaient souvent, se confiaient leurs peines et sentaient que la souffrance partagée devient moins lourde et moins amère.

CHAPITRE IV

Hypocrisie

Lorsque Julienne fut bien rétablie, Robert se relâcha de son activité, de ses soins et de sa conduite régulière. Son caractère insouciant reprit le dessus, il se remit à faire de fréquentes absences et donnait à Julienne pour prétexte des affaires importantes. Il avait rompu en apparence avec Fridoux, ce qui avait donné à Julienne une entière sécurité ; il pensa bientot à se débarrasser d'une surveillance et d'une préoccupation fréquentes, car Germain était d'une perspicacité et d'une intelligence d'autant plus gênantes pour le fermier, que son intimité avec Friquet pouvait le mettre au courant de bien des choses.

Robert parla donc à Julienne de la nécessité de mettre leur enfant en pension à A.... pour quelques années.

« Il y apprendra, disait le fermier, des connaissances précieuses pour son avenir et saura donner un nouvel essor à ses brillantes facultés. »

Julienne fut complètement dupe de ces paroles, elle crut à la sincérité d'un amour paternel prévoyant, alors que c'était, hélas ! tout le contraire. Elle favorisa donc les projets de Robert, et après sa première communion, Germain, les yeux pleins de larmes, annonçait à son ami son prochain départ.

A cette nouvelle, le visage expressif de Friquet se décolora, ses lèvres tremblèrent et il joignit les mains avec désespoir.

« Tu vas partir ! balbutia le petit malheureux ; j' vivrai sans jamais te voir ? Oh ! quel enfer sera ma vie ! »

Germain était vivement ému : il tendit la main à Friquet, qui la serra convulsivement dans les siennes.

« Console maman de mon absence, lui dit-il avec émotion, veille sur elle : j'ai de tristes idées en partant, quelque chose me fait craindre un malheur ! Je m'en irai plus tranquille, mon cher ami, te sachant là, près de ceux que j'aime ; je reviendrai aux vacances, d'ailleurs.

— Ah ! ce n' sera plus la même chose, sanglota

Friquet ; mais va ! aie confiance en moi, je te suis dévoué pour jamais, à toi et à tes parents.

— Merci ! dit Germain avec effusion : ta promesse me console.

— Et, dit Friquet d'une voix entrecoupée, si tu reviens d' la ville, de la belle pension, fier, dédaigneux, ah ! dis-moi tout d' suite que tu me repousses ; ça m' torturera moins que d' me laisser croire....

— Friquet, tais-toi, s'écria Germain avec feu ; ne doute jamais de moi ! c'est la seule chose que je ne te pardonnerais pas. »

Le pauvre abandonné fondit en larmes et se jeta au cou de son ami.

« J'ai tort ! murmura-t-il, oui, j' crois en toi ! Sans ton affection je n' vaudrais rien et je m' laisserais trop aller à la haine et à la méchanceté. »

Il se sauva alors et alla errer dans les bois, pour se livrer en liberté à sa douleur.

Lorsque Germain monta dans la voiture qui devait l'emmener, tout en embrassant sa mère en pleurs, il chercha Friquet des yeux.... Mais Friquet n'était pas là !

Assis dans un buisson, le petit Fridoux réfléchit, la tête basse : il se dit que son bon ange l'a quitté, peut-être pour toujours.... puis il regarde une lettre froissée à côté de lui et ses pensées prennent un autre cours. « Qu'est-ce que ça signifie? se dit-il. Simplette m'a lu ça et je m' méfie de tout c' qui s' passe entre M. Hardy et mon père! Pourquoi lui écrit-il que l'emprunt a bien réussi? Pourquoi lui parle-t-il d'une autre affaire en train? Où vont-ils ensemble si souvent? Mme Julienne l' croit en route seul, pour ses affaires, mais ça m' fait l'effet d'aut' chose! Oh! Germain a raison, il y a du malheur dans l'air. »

Abusée par Robert, la pauvre Julienne vivait dans une illusion complète sur son mari. Le fermier ne lui avait-il pas lu des lettres d'affaires à propos d'achats importants et avantageux? Ne lui montrait-il pas souvent des sommes considérables qu'il allait, disait-il, placer chez le notaire. Parfois Julienne lui avait demandé de mettre en terre ces fonds disponibles, au lieu de les porter à la ville, mais Robert avait toujours des raisons à alléguer pour agir autrement : tantôt il avait en vue une terre dont l'importance dépassait leurs ressources actuelles, et il économisait pour faire ce placement; tantôt la pension de son fils était échue et il fallait payer sans retard le directeur. La ferme se dégarnissait ainsi peu à peu, sans que cela inquiétât Julienne, dont la confiance en Robert était devenue aveugle.

Plusieurs années se passèrent ainsi, pendant lesquelles les vacances ramenèrent chaque été Germain dans sa famille

Friquet avait constaté avec bonheur que rien ne pouvait altérer leur amitié. Germain était toujours avec lui tendre, ouvert, généreux ! Il avait pleine confiance dans le bon résultat des études qui le tenaient éloigné du pays. Friquet n'osait lui parler de ses inquiétudes.... pourquoi attrister son ami sans preuves certaines ? Ah ! s'il avait su ! s'il avait pu suivre Fridoux et Robert dans leurs voyages fréquents, il aurait vu où passait la fortune de la ferme ; mais le faible Robert, subjugué par son satanique ami, se cachait habilement et avait réussi à tromper sa femme et son enfant. Chose bizarre, tout en courant à sa ruine, son amour paternel devenait plus vif et plus orgueilleux des nobles qualités de Germain ! Parfois il frémissait en songeant à l'avenir ; puis il secouait ses craintes en se disant qu'avec son habileté en affaires, il saurait toujours se tirer d'embarras, et il continuait de plus belle ses excès et ses folles dépenses, provoquées par son intimité avec le misérable qu'il méprisait en secret.

CHAPITRE V

La saisie

Une année, les vacances de Germain approchaient, Julienne préparait déjà la chambre de son cher garçon, dont les succès la rendaient heureuse et fière ; elle était occupée à ranger les affaires d'été de Germain dans le tiroir de sa commode, lorsque Goton, la servante, se précipita tout effarée dans la chambre.

« Ah ! not' maîtresse, balbutiait-elle d'une voix entrecoupée, c'est-y possible ? Ici ! Dieu du ciel ! un huissier.... »

Julienne regardait avec stupéfaction la grosse servante, elle écoutait sans les comprendre ; les paroles que Goton laissait échapper.

« Tu es folle, ma fille! lui répondit-elle; cet homme vient ici par suite de quelque méprise : mon mari va le recevoir; est-il ici? »

Goton secoua négativement la tête; elle n'avait pas la force de parler.

« Allons, je vais m'expliquer moi-même avec cet huissier; où est-il?...

— Ah! c'est bien! Je vous salue, monsieur, dit-elle en entrant dans la salle où se trouvait l'arrivant. Qu'il y a-t-il pour votre service?

— Ma.... madame, dit l'huissier, fort surpris du calme de Julienne, qu'il croyait déjà instruite de son malheur : je viens pour.... monsieur Robert Hardy a ....

— Vous désirez de lui un renseignement, sans doute? » reprit Julienne toujours calme, par suite de sa complète ignorance des évènements.

Trompé par cette tranquilité, l'huissier crut pouvoir parler franchement.

« Il serait en effet préférable qu'il pût assister à la saisie, répliqua-t-il.

— Vous dites, monsieur? balbutia la fermière, soudain frappée au cœur.

— Je parle de la saisie du bétail et du matériel de la ferme, madame, dit l'huissier en feuilletant des papiers qu'il avait à la main.

— Mais, monsieur, Robert a donc des.... dettes? s'écria Julienne épouvantée.

— Plus que cela, madame ; des emprunts qu'il ne peut pas rembourser, répliqua l'huissier, toujours à la recherche de ce dont il avait besoin.

— Nos terres répondent du paiement, bégaya Julienne, les lèvres blanches et frémissantes.

— Les terres sont déjà hypothéquées pour leur pleine valeur, répondit l'huissier avec quelque impatience. Ah! voici le papier en question ; voudriez-vous, madame, examiner....

— Ciel!... »

Et il recula d'épouvante! Jamais il n'avait contemplé, avant cet instant, une image plus effrayante de l'indignation et du désespoir !

Les yeux fixes, les dents serrées, les traits rigides, Julienne contemplait le papier qu'elle avait arraché des mains de l'huissier interdit.

« C'est la ruine.... murmura-t-elle, la ruine et la carrière de Germain brisée! O mon enfant, que vas-tu devenir? »

En ce moment la porte s'ouvrit et Robert parut.

En le voyant, Julienne éclata d'un rire strident et convulsif.

« Ah! ah! ah! s'écria-t-elle ; viens vite! ton homme d'affaires t'attend! Tu m'as bien menti, mais tout se dévoile aujourd'hui.... Tiens! tu me fais horreur! Mauvais père, que sera l'avenir de ton fils? »

Et s'élançant hors de la maison, elle s'enfuit en courant.

Robert était atterré ! Il était donc venu, le jour de la honte et de la détresse ! Il comprenait en frémissant la folie et la criminelle hypocrisie de sa conduite. Il aurait voulu racheter le passé avec son sang…. mais à ses oreilles tintaient les paroles désolantes de la conscience en révolte : « Il est trop tard…. il est trop tard ! »

Alors commença la longue série des investigations humiliantes, des réclamations désolées et impuissantes. Au milieu de cette honte, Robert n'osait aller retrouver sa femme, et cependant son inquiétude était grande en ne la voyant pas revenir et il se demandait avec angoisse où elle avait pu porter son désespoir.

Pendant ce temps, Julienne marchait au hasard d'un pas rapide et fiévreux, elle se sentait dans un état étrange : il lui semblait parfois qu'elle riait tout haut, d'un rire qu'elle ne se connaissait pas. La fièvre la dévorait…. Lorsqu'elle portait les mains à ses tempes embrasées, elle sentait ses artères battre sous ses doigts et le sang se porter à sa tête et brûler ses yeux.

Soudain sa tête tourna…. elle chancela, prise de vertige, et elle serait tombée si deux bras ne l'avaient soutenue.

Elle regarda en face celui qui la secourait.

« Qui êtes-vous ? dit-elle d'un ton bref, tout différent de sa voix ordinaire.

— Eh quoi ! vous ne reconnaissez pas Friquet, madame Julienne ? dit le jeune garçon abasourdi.

— Friquet.... qui est-ce ? » reprit la malheureuse, du même ton bizarre.

Friquet ne répondit pas, il considérait attentivement la fermière et soudain, se frappant le front, il s'écria :

« C'était pour Mahéru, l'huissier ! je comprends tout, maintenant. Ah ! pauvre Germain !

— Silence ! ne parlez pas de Germain, dit Julienne dont les yeux étincelèrent ; il ne doit rien savoir, il faut l'éloigner du pays, puisqu'il ignore ce qui arrive. Je vais le chercher.

— Grand Dieu ! arrêtez, madame Julienne ! » s'écria Friquet, épouvanté du délire croissant de l'infortunée ; mais elle, en proie à une nouvelle idée fixe, allait s'arracher aux étreintes de Friquet, lorsqu'un pas se fit entendre et le docteur Bonnel parut, débouchant d'un sentier.

« Ah quel bonheur ! Au secours, docteur, au secours ! Aidez-moi, » cria Friquet, dont les forces étaient à bout.

En un instant le docteur fut à ses côtés. Tout en maintenant la pauvre Julienne, Friquet dit à voix basse au médecin quelques mots qui firent tressaillir ce dernier.

Ah! je m'en étais toujours douté, murmura le brave médecin, et maintenant le malheur va-t-il se doubler d'une catastrophe? Pauvre femme! La ferme étreinte du docteur maintint Julienne. Peu à peu, elle commença à trembler, puis elle mit ses mains sur ses yeux et enfin éclata en sanglots.

« Dieu soit loué ! voilà la détente, murmura le docteur, qui lui avait fait avaler quelques gouttes d'un flacon tiré de sa poche. N'était-ce qu'un accès de délire? était-ce.... non, la voilà qui nous reconnaît.... allons, du courage, ma chère dame ! Vous êtes avec des amis, ne craignez rien ! remettez-vous.

— C'est vous, docteur?... C'est toi, Friquet? balbutiait la pauvre femme, à travers ses larmes. Je suis si malheureuse ! je ne sais plus ce qui m'arrive. Où suis-je?

— Du calme ! donnez-moi le bras et revenons chez vous, » répondit doucement le docteur, qui fit signe à Friquet de soutenir Julienne de l'autre côté.

Calmée par cette voix affectueuse, la pauvre femme se laissa docilement conduire par le brave médecin. Elle marchait péniblement, incapable encore de se rappeler distinctement son malheur; mais, en approchant de la ferme, elle se souvint et s'arrêta en frémissant.

Du courage, ma chère dame!

« Pas ici! non, pas ici! dit-elle avec terreur, je n'ai plus pour asile que la pauvre maison de mes parents, au Vallon-Vert. Là-bas... c'est là que je veux me rendre, car je dois y demeurer désormais. »

Les objections du docteur et les exclamations de Friquet furent vaines. Il fallut aller au Vallon-Vert et tandis que Julienne, soutenue par M. Bonnel, s'y rendait lentement, Friquet courait à toutes jambes à la ferme pour y chercher les clefs de la maison.

Il trouva tout dans le triste désordre qu'amène nécessairement une saisie : les vêtements étaient jetés pêle-mêle sur le plancher; les meubles étaient ouverts; le logis, plein d'allants et de venants.

Robert, pâle et défait, affectait une insouciance dont personne n'était dupe.

Quand Friquet réclama les clefs du Vallon-Vert, il s'étonna et refusa, tout d'abord. Les explications de Friquet eurent vite raison de sa résistance : il se fit raconter par le jeune garçon ce qui s'était passé et détourna la tête en tressaillant, au récit de l'état où Friquet avait vu Julienne.

Le petit Fridoux, muni de ce qu'il lui fallait, repartit en toute hâte et rejoignit la fermière assez tôt pour l'empêcher d'attendre son retour.

Julienne était si faible, qu'elle put à grand'-peine entrer dans sa nouvelle demeure. Elle se laissa tomber sur une chaise et regarda languissamment le docteur et Friquet qui s'évertuaient à rendre le logis habitable.

CHAPITRE VI

Le Vallon-Vert

Quel changement! A la place d'une belle et vaste habitation, une maisonnette avec deux chambres, un cabinet et une salle servant de cuisine. Au lieu de vastes communs peuplés de beaux et nombreux animaux, une petite grange, une chétive étable. Les belles prairies, les vastes herbages étaient remplacés par une cour étroite et humide, un herbage et un champ.

Mais tout cela était peu de chose devant les deux pensées qui torturaient le cœur de la pauvre femme : la conduite de Robert et la ruine de l'avenir qu'elle avait entrevu pour Germain. Son fils était dévoré du désir d'être sculpteur, ses premiers essais avaient fait grand bruit au collège d'A...; mais pour étudier, pour arriver au succès, à la renommée, il faut vivre, et que faire sans argent?

« Là! dit Friquet, ayant arrangé de son mieux le pauvre mobilier. V'là qu'est terminé. A présent j' vas vous envoyer Goton, madame Julienne.

— Fichtre! comme tu es différent ici que partout ailleurs, grommela le docteur en frappant amicalement sur l'épaule de Friquet! Qui dirait, à te voir si serviable et si empressé ici, mon gars, que j'ai près de moi la terreur des ménagères et le plus enragé batailleur du canton! »

L'œil de Friquet brilla d'un éclat sauvage.

« C'est chez Germain ici! murmura-t-il.

— Eh bien, après? dit le médecin.

— Germain, pour moi, c'est ma famille, mon bonheur, mon avenir, ma bonté. Ce que j' fais d' bien, c'est la pensée d' Germain qui me l'inspire; ce que j' fais d'mal, c'est l'absence de Germain qui en est cause.

— Ah bah! dit le docteur, ému de ces paroles dites avec une énergie farouche. Eh quoi! ta lutte avec Nicaise, c'était....

— Pourquoi qu'il disait du mal de M. Hardy? Il n' s'avisera plus maintenant de rien dire devant moi sur l' père de Germain.

— Et la chute des paniers à œufs de la mère

Gaudry ? reprit M. Bonnel, de plus en plus intéressé par ce que lui répondait le brave Friquet.

— Elle l'avait joliment gagné ! s'écria le jeune garçon. N'avait-elle pas refusé d' rapporter d' la tisane pour madame Julienne, la dernière fois qu'elle était si enrhumée ! »

Tout en parlant ainsi, le docteur et son compagnon avaient quitté la maison et s'étaient dirigés vers la ferme.

Il est impossible de décrire la fureur de Friquet et l'indignation du brave médecin, lorsque Goton déclara aigrement qu'elle quittait le service des Hardy et qu'elle ne comptait pas servir des gens ruinés, dont on saisissait tout, même les effets.

Si Porphyre avait été là, nul doute que sa main puissante n'eût vigoureusement châtié l'insolence des paroles de Goton; heureusement pour cette dernière, il était occupé à ramener du pâturage les animaux épars çà et là.

« Ah ! c'est comme çà ! dit Friquet exaspéré ; eh ben ! vous aurez affaire à moi, et si vous n' venez pas aider c'te pauv' femme, si désolée et si malade, je....

— On n'obtient rien des gens par la force, laissez là c' mauvais cœur ! Voulez-vous que j'aille à sa place, Friquet ? J' soignerai madame

Julienne et j' vous promets de n' jamais l'abandonner, à cause de vous. »

En entendant ces mots, tous s'étaient retournés vivement, et l'on vit Simplette qui, toute confuse, se prit à baisser la tête en roulant son tablier dans ses doigts.

« Dam ! poursuivit-elle, faudra d'abord obtenir la permission de mon oncle et de ma tante.

— Pour c' qui est d' ça, j' m'en charge, s'écria Friquet, les yeux brillants de joie. Merci, ah ! merci, Simplette ! C'est à cause de Germain que j' vous ai été utile ; c'est bien l' moins qu' ça soit la mère de Germain qu'en profite. »

Rapide comme une flèche, Friquet courut chez les Grimbart et leur exposa le désir de Simplette d'aller au service de madame Hardy.

Aux premières paroles, ils se récrièrent et refusèrent tout net.

Friquet l'avait prévu, mais il savait comment triompher de ce refus

« Ah ! vous n' voulez pas ? dit-il d'un air narquois ; eh ben, j' vas aller dénoncer aux gendarmes l' braconnier qui dévaste le bois d' monsieur de Guerme et leur montrer sa cache[1].... et ses collets....

1. Cachette (locution normande).

Ah! vous n' voulez pas?

— Pristi ! s'écria Grimbart en pâlissant; Friquet, j' veux bien....

— Et j'irai dire au commis d'la douane de L..., poursuivit l'impitoyable garçon, de regarder l' dedans du beurre à la mère Grimbart : ils y verront de drôles de choses.... Ah dam ! c'est pour les Anglais ! On leur en fait avaler de toutes les couleurs, pas vrai ?

— P'tit gueux ! cria la mère Grimbart, rouge comme un coq.

— Allons, c'est dit ! poursuivit Friquet, en feignant de s'éloigner. — Bonsoir, mes braves gens; attendez-vous à quéque chose de nouveau, tous les deux. »

Le mari et la femme le retinrent énergiquement.

« Allons, voyons ! dit Grimbart d'un ton conciliant; n' t'en vas pas si vite : on est ami, que diable ! Et.... dis donc quéque chose aussi, ma femme ! Satanée bavarde ! toi qu'en remontrerais à une pie, tu n' peux pas ouvrir ton bec pour nous entendre avec c' gars-là ?

— Comme si on pouvait ouvrir la bouche quand tu parles ! gémit la mère Grimbart, piquée de ces reproches; mais Friquet sait bien que j' n'ai rien à lui refuser, ajouta-t-elle d'un air rechigné qu'elle s'efforçait de rendre gracieux : et puisqu'il y tient, Simplette peut aller dans quéques jours.... »

— Dans quéques jours, ah! mais non! c'est tout d' suite qu'elle va aller au Vallon-Vert, dit Friquet, en se récriant. Vite, donnez-moi ses z'hardes, que j' les lui porte. »

Les Grimbart eurent beau protester, il leur fallut passer par la volonté de l'inflexible Friquet : ils se décidèrent donc à donner à ce dernier le modeste paquet de Simplette, et le jeune garçon, ravi de son succès, s'éloigna à la hâte et alla installer chez Julienne la bonne petite servante, dont le dévouement était si nécessaire à la pauvre affligée.

CHAPITRE VII

La vente

Robert parut à peine au Vallon-Vert : il ne pouvait supporter d'être en présence de Julienne, dont l'accablement lui semblait trop pénible à voir ; il convint toutefois avec elle de tenir leurs malheurs cachés à Germain ; il lui affirma avoir mis en réserve la somme nécessaire pour finir de payer l'éducation de leur fils, et cette idée ranima la pauvre mère. On devait lui expliquer le plus tard possible ce qui était arrivé et l'envoyer passer ses vacances chez un artiste qui voulait bien, avait écrit le directeur, donner des leçons à Germain, auquel il trouvait des dispositions merveilleuses.

C'était un dur sacrifice pour la pauvre mère que de ne pas faire venir son fils près d'elle; mais, outre qu'elle désirait lui cacher leur désastre le plus longtemps possible, elle devait aller le voir deux jours à A... avant les vacances, et c'était pour elle un rayon de soleil, que cette espérance; elle tâcha de reprendre courage et de tirer parti avec Simplette des maigres ressources que pouvait offrir le Vallon-Vert.

Pendant que Julienne s'efforçait, par le travail, d'oublier sa pénible position, le jour de la vente arrivait, et un dimanche, suivant la mauvaise habitude du pays, une foule nombreuse se rassemblait et venait, les uns acheter, les autres assister à ce spectacle. Comme c'est l'ordinaire, chacun parlait de ceux qui étaient victimes de la saisie et s'il y eut quelque sympathie pour Julienne et pour Germain, en revanche on déchirait à belles dents la réputation de Robert. Il lui restait encore le petit bien du Vallon-Vert : s'il avait une lueur de bon sens, il devait travailler et en tirer le meilleur parti possible : tel était le sentiment général. On y joignait des propos indignés sur la façon dont il avait agi, surtout dans les derniers temps : on lui en voulait de ce qu'après avoir été l'un de ceux dont s'enorgueillissait le village, il s'était attiré le scandale d'une saisie.

C'était un spectacle amusant que ce va-etvient de femmes endimanchées, et d'hommes de diverses conditions, tous parlant à la fois et se donnant des airs de profonds connaisseurs.

Au milieu de cette foule bruyante et affairée, le pauvre Porphyre était au supplice. Robert lui avait dit quelques mots qui lui faisaient craindre un renvoi! Lui, quitter ses maîtres, alors surtout qu'ils étaient dans le malheur.... oh! c'était impossible...! Comment faire pour rester? Que lui importent des gages? il s'en souciait bien, vraiment! Non, il voulait continuer à être utile sans rien recevoir et même, s'il était nécessaire, n'avait-il pas ses économies à leur service? Et tout en se disant cela, coudoyé par les uns, rudoyé par les autres, le brave homme eut un serrement de cœur en entendant le crieur commencer la vente. Il regardait d'un air hébété les animaux qu'on amenait et qu'on vendait tour à tour; ses chevaux d'abord,.... ah! ses beaux et braves chevaux! Son cœur se fendit en les voyant s'éloigner. *Lunette* était si courageuse au travail; *Fringante*, si douce et si belle!... et *Bravo*, jamais on ne retrouvera son pareil, lui et ce fier *Troubadour*. Les yeux voilés de larmes, il vit partir ces beaux et excellents animaux, ses camarades et ses amis.... Puis ce fut le bétail qu'on amena.

Tout se vendait très-cher au dire des acheteurs, très-mal dans l'idée de Porphyre, quand vint enfin le tour du mobilier. Pauvre maîtresse ! elle n'aura plus sa chambre favorite ! ses meubles qu'elle aimait à rendre nets et brillants comme des miroirs.... Et le portrait de Germain.... ah ! pour le coup, Porphyre n'y tint plus.... et il cria d'une voix de tonnerre :

« Chinque francs.... »

Il voulait garder à sa bonne maîtresse l'image bien-aimée de son enfant.

« Cinq francs, » répéta le crieur.

Le pauvre Porphyre crut à une surenchère.

« Chix francs, » reprit-il avec énergie.

La foule s'étonna.

« Six francs, dit le crieur.

— Chept francs, » beugla Porphyre inquiet.

On commença à rire....

« Sept francs, reprit imperturbablement le crieur, il y a preneur à sept francs, messieurs.

— Huit francs, » vociféra Porphyre, obstiné dans sa fâcheuse erreur.

A ce moment Friquet fendit la foule, qui s'amusait de plus en plus de la naïveté du pauvre homme, et lui expliqua en peu de mots sa méprise. La figure étonnée de Porphyre redoubla les rires des assistants.

« En v'là assez, dit Friquet, agacé et furieux contre tout le monde de ce qui se passait. Taisez-vous donc, Louchet ! répéta-t-il avec colère à

La vente

un gros joufflu ; c'est pas vous qui seriez si naïf que ça, hein ? Vous savez plutôt enfoncer les autres, témoin Pichu qui vous a acheté quatre-vingt-deux francs un âne avec une fausse queue. »

Il y eut une explosion de cris et de rires qui fit sauver Louchet, rouge et décontenancé.

L'objet fut adjugé sans autre incident à Porphyre, et tandis que la vente continuait, lui et Friquet prirent tristement le chemin du Vallon-Vert, pour y consoler Julienne et lui porter le portrait de son fils, mince débris échappé à ce naufrage.

CHAPITRE VIII

Le désespoir de Friquet

Porphyre et Friquet trouvèrent Julienne en train d'écrire à Germain. Simplette *cueillait de l'herbe* (suivant l'expression normande) pour l'unique vache de la ferme.

« Ah! c'est toi, Porphyre, dit la fermière en levant la tête ; que viens-tu faire ici, mon pauvre garçon?

— Vous chervir comme par le paché, not' maîtrèche, » répondit Porphyre, dont le cœur battait.

Julienne sourit tristement.

« Hélas! mon ami, reprit-elle en secouant la tête, nous devrons nous servir nous-mêmes maintenant; nous n'avons plus le moyen de payer tes gages : tout au plus puis-je garder Simplette jusqu'à ce que ma santé soit meilleure.

— Oh ! ne dites pas cha, s'écria Porphyre d'un ton suppliant : est-che que j'ai bejoin d'argent ? est-che qu'il faut me parler d'argent ? Gardez-moi pour ma nourriture, not' maîtrèche : je choignerai l' jardin, je labourerai vot' champ, et je cherai encore pluj heureux comme cha que partout ailleurs.

— Reste donc, puisque tu le veux, mon brave ami, dit Julienne très-émue, en serrant affectueusement les grosses mains hâlées et tremblantes de Porphyre ; nous en reparlerons plus tard d'ailleurs, afin de te faire changer de résolution dans ton intérêt.

— Nous verrons cha, nous verrons cha, » répondit Porphyre, radieux de la décision de Julienne ; et il sortit, afin d'aller arranger avec Simplette son modeste réduit dans la grange.

« Eh ben, vous avez raison, madame Julienne, dit Friquet, lorsqu'il fut seul avec la fermière. Germain sera bien content, allez ! d' vous voir garder ce brave garçon, quand il viendra….

— Quand il viendra, répéta Julienne en souriant tristement…. Hélas ! mon pauvre Friquet, il ne reviendra pas.

— Vous dites ? balbutia Friquet en tressaillant.

— Il doit dorénavant aller étudier pendant ses vacances chez l'artiste dont il doit suivre la direction pour sa carrière, reprit la fermière, et nous faisons le sacrifice de sa présence ici dans l'intérêt de son avenir ; je le lui écris, afin de le mettre au courant de ce... »

Friquet était devenu livide en écoutant Julienne. A ces derniers mots, il poussa un cri déchirant et s'enfuit, sans écouter les appels de la fermière, désolée de sa douleur.

Où alla-t-il ? personne ne put le savoir ; mais lorsqu'il revint au logis après deux jours d'absence, ce n'était plus le même.... Il était redevenu muet, sombre et sauvage comme par le passé. Ceux qu'il évitait avec le plus de soin, c'étaient Julienne, Robert et Porphyre. Il n'abordait Simplette que rarement et il écoutait, la tête basse, les nouvelles qu'elle lui donnait amicalement du Vallon-Vert. Au nom de Germain, il s'enfuyait comme un animal blessé et se cachait dans les bois. Là seulement il pleurait à son aise son ami perdu et son bonheur envolé.

Un an s'écoula ainsi ; Julienne ne vivait que par les lettres de Germain et le récit de ses succès.

Souffrante et fiévreuse, elle était absorbée, au point de ne plus s'inquiéter de Robert. Ce dernier, entraîné par les conseils de Fridoux, avait entrepris le métier de maquignon pour s'étourdir et pour essayer de rétablir ses affaires. Il courait de foire en foire, et il y vendait le plus cher possible des chevaux de rebut, achetés à droite et à gauche à vil prix. Grâce à cela, il subvenait aux dépenses de la maison : il n'avait pas rougi d'emprunter au pauvre Porphyre ses petites économies, et c'était avec cette somme qu'il avait commencé son triste métier.

Il put d'abord tromper beaucoup de monde : son ancienne réputation le faisait accueillir avec confiance par ceux qui ignoraient sa ruine, mais peu à peu ses friponneries s'ébruitèrent ; il eut le plus triste renom et il dut aller au loin pour y trouver des dupes. Ce fut pour cette raison qu'il se rendit un jour à la foire de X...., escorté de l'inévitable Fridoux.

« Quelle bonne idée tu as eue là ! disait ce dernier en étouffant un éclat de rire : il est superbe, n'y a pas à dire ! et nous aurons quinze cents francs de l'animal. Dirait-on qu'il boitait encore tout bas hier, et que cela recommencera dans quelques jours ? »

Robert regarda avec complaisance le cheval d'un noir de jais qui piaffait à côté de lui.

« Oui, tout a bien réussi, répondit-il en souriant et nous aurons un beau bénéfice là-dessus. Tiens, voilà l'acheteur que nous attendions : c'est lui qui veut appareiller un cheval, à ce que j'ai entendu dire. Fais donc l'article, imbécile ! »

Fridoux cligna de l'œil et regarda en dessous un paysan qui s'approchait du cheval.

« Vous n' voulez donc pas m' céder la bête pour quatorze cents francs ? dit-il d'un air bonhomme à Robert.

— Non, répondit ce dernier, en feignant de ne pas voir l'acheteur sérieux ; je vous ai dit seize cents francs ; c'est mon dernier mot, et encore... j'y perds !... »

Le paysan frappa sur l'épaule de Robert.

« Et si l'on parlait de quinze cents francs, qu'en diriez-vous ? » demanda-t-il.

Robert se retourna en jouant la surprise.

« Monsieur... Hein ? pardon ! dit-il ; c'est à moi que vous faites l'honneur de....

— Oui, dit l'acheteur, j'ai envie de cette bête ; il y a longtemps que je l'examine et je crois avoir trouvé mon affaire ; c'est sa couleur surtout qui me plaît.

— Ah ! ah ! dit le maquignon, en échangeant un regard d'intelligence avec son compère ; c'est justement cela aussi qui séduit monsieur.

— Oui, oui ! reprit Fridoux, feignant de s'échauffer et frappant sur une sacoche qui paraissait pleine d'argent, et s'il faut donner quinze cents francs, ma foi.... j' vais....

— J'en donne quinze cent cinquante ! s'écria l'acheteur inquiet.... »

Robert fit semblant d'hésiter....

« Allons !... fit-il enfin ; va pour quinze cent cinquante francs, puisque vous insistez. Où voulez-vous que je vous conduise votre cheval ?

— Suivez-moi, dit le paysan, c'est à l'hôtel du général de Ryon qu'il faut aller ; le cheval est pour lui.

— Hein ? dit Robert effrayé, tandis que Fridoux devenait tout pâle.... le général.... c'est pour....

— Eh bien oui, dit le paysan étonné ; pour le général commandant le département, quoi !... Il m'a chargé de lui acheter quelque chose de bien, et il m'avait surtout recommandé de lui trouver un cheval d'un beau noir ; allons, venez. »

Et il prit le cheval par la bride, croyant que Robert ne savait par où se diriger.

« Nous voilà frais ! murmura le maquignon inquiet ! C'était pour le général.... que faire ? »

Fridoux était effaré.

« Si au moins il n'emmenait pas l' cheval ! » dit-il à voix basse.

Le paysan se retourna.

Le paysan frappa sur l'épaule de Robert.

« Allons donc, venez-vous ? s'écria-t-il de loin : je n'ai pas de temps à perdre : dépêchons-nous. »

Ces mots redonnèrent du courage à Robert.

« On va certainement me payer sans examiner la bête de trop près, chuchota-t-il à Fridoux ; viens m'attendre près de la porte : tu me donneras un coup d'épaule au besoin. »

Rassuré par cette idée, le maquignon entra résolûment dans l'hôtel et attendit avec impatience l'arrivée du général.

Celui-ci descendit presque immédiatement dans la cour. C'était un homme d'une soixantaine d'années, grand, calme, avec un regard ferme et dominateur. Il caressait sa longue moustache grise et alla droit au cheval, qu'il examina attentivement. Quand il eut fini, il s'adressa au paysan.

« Merci, Pierre, lui dit-il ; tu me sembles avoir eu la main heureuse. »

Il se retourna ensuite brusquement et regarda Robert en face. Le maquignon fut déconcerté par ce regard profond, qui semblait scruter sa mauvaise conscience.

« C'est vous, mon ami, qui êtes propriétaire de ce cheval ? demanda le général.

— Oui.... mon général, bégaya Robert troublé.

— Et vous le vendez?

— Mon prix était de seize cents francs : j'ai consenti à le laisser aller avec cinquante francs de perte.

— De perte? » dit le général en accentuant les mots.

Robert, qui s'était remis, se troubla de nouveau.

« Mais, mon général, se récria-t-il, je n'ai qu'un trop faible bénéfice sur.... »

Le général ne l'écoutait plus ; il s'était rapproché du cheval et l'examinait plus attentivement que jamais.

Enfin, se retournant vers Pierre, qui ne savait que penser.

« Paye-t-on toujours comptant au marché? lui dit-il.

— Mais oui, mon général, répondit Pierre.

— Et tu as acheté cette bête sans garantie?

— Ma foi oui, mon général ; c'était le seul convenable ; c'est d'ailleurs la coutume du pays.

— J'achète la bête, » dit le général froidement.

Robert eut peine à contenir sa joie en entendant ces mots; mais il devint livide lorsque le général ajouta :

« Lave donc ce cheval à grande eau, Pierre, pendant que je vais payer son propriétaire; la poussière m'empêche de voir son poil dans son lustre. »

Puis, faisant signe à Robert bouleversé, le général se dirigea vers sa chambre qui était au rez-de-chaussée et se mit à compter l'argent au maquignon.

Le trouble croissant de celui-ci ne pouvait plus se cacher.

« Qu'avez-vous donc, mon ami? lui demanda le général avec bienveillance. Êtes-vous malade? Non! eh bien, c'est la fatigue alors qui doit vous rendre si défait; tenez, faisons vite.... cinq cents et mille, puis cin.... »

Un cri de Pierre fit retourner le général vers la fenêtre.

« Ah! fichu voleur, hurlait le paysan, son cheval était peint! »

Le général restait pétrifié devant le spectacle qui s'offrit à ses yeux. Le lavage de Pierre, ses vigoureux coups d'éponge avaient changé la couleur de la croupe qui paraissait telle qu'elle était, c'est-à-dire d'un gris sale et terne, d'une couleur si défectueuse enfin, qu'elle suffisait pour déprécier totalement un cheval de luxe. Des rigoles noires ruisselaient le long des jambes du pauvre animal et noircissaient le pavé, tandis que Pierre, les mains pleines de taches, contemplait son ouvrage d'un air effaré.

A cette vue, le général ne put s'empêcher de laisser échapper un juron sonore, et se retournant avec colère :

« Tenez, filou! cria-t-il, regardez cela! jamais je ne paierai le prix que vous osiez.... »

Mais la parole expira sur ses lèvres quand il se vit seul.

Au cri du paysan, Robert avait compris que tout était découvert ; il n'hésita pas. Empochant lestement l'argent étalé sur la table, il s'élança dans la cour et gagna la rue avant que personne eût pu revenir de la stupeur causée par la découverte qui venait d'être faite.

Le général était vivement descendu dans la cour, en s'apercevant de la fuite du maquignon ; il fit lui-même des recherches afin de retrouver le coupable, mais tout fut inutile. Le vendeur avait disparu avec son compère, et M. de Ryon dut renoncer pour le moment à mettre la main sur celui qui l'avait si audacieusement trompé.

Le général était bon, mais sévère et d'une probité scrupuleuse; aussi garda-t-il un souvenir profondément indigné de celui qui l'avait ainsi volé et se promit-il de le lui faire payer cher, si jamais il le retrouvait.

Pierre était encore plus furieux d'avoir servi,

quoique involontairement, de complice au maquignon. Aussi eut-il depuis, en songeant à cette aventure, une rancune sans nom pour celui qui l'avait joué avec une audace pareille.

CHAPITRE IX

La découverte de Julienne

Robert était revenu au Vallon-Vert, plus gai en apparence qu'il ne l'avait été depuis longtemps : il s'étourdissait sur ce qui s'était passé, car son honnêteté d'autrefois lui revenait à l'esprit et il frémissait malgré lui d'être descendu si bas. Jusqu'alors il avait réussi, mais cette dernière fourberie avait failli le livrer à la justice. Qu'aurait dit Julienne, qu'il avait réussi à tranquilliser de nouveau ? Qu'aurait dit Germain, si scrupuleux sur le chapitre de la délicatesse et dont l'honnêteté était déjà citée parmi ses camarades ?

Cette pensée faisait pâlir Robert; aussi voulut-il, pour s'étourdir, aller payer en personne, avec l'argent qu'il rapportait, la pension en retard de son fils; il l'annonça à Julienne, qui n'osa demander de le suivre, car elle savait combien leurs ressources étaient minimes. Robert partit donc, laissant Julienne seule et plus triste que jamais. Elle avait averti Simplette que sa santé devenue meilleure lui permettait de suffire seule à la besogne; mais cette séparation lui était bien pénible, la douceur et l'attachement dévoué de la jeune fille ayant été pour elle une vraie consolation. Elle sentait qu'elle allait être bien isolée; Porphyre allait travailler souvent au dehors : Julienne l'avait exigé, afin de lui fournir l'occasion de gagner quelque chose. Elle était donc toute triste, la pauvre femme, en songeant à la solitude qui allait être son partage.

Heureusement, pensait-elle, Robert a pu garder ce qui est nécessaire à l'éducation de Germain, et puis, il s'occupe maintenant, mon pauvre Robert! il se rend nécessaire aux marchands de chevaux, grâce à son habileté dans les affaires, et, Dieu merci! il ne voit plus ce Fridoux... il me l'a bien souvent assuré. Ce qui me console dans ses malheurs d'autrefois, c'est qu'il a toujours été honnête et loyal. On ne peut pas se plaindre quand la bonne réputation reste intacte. Hélas! c'est presque le seul héritage de mon Germain aujourd'hui.

Pendant que Julienne se disait cela, tout en raccommodant quelques vêtements de Robert, un bruit de pas lui fit lever les yeux et elle vit entrer le docteur.

Le médecin, ordinairement alerte et gai, paraissait soucieux et troublé : il répondit distraitement aux paroles de bienvenue de Julienne et s'assit, paraissant chercher ce qu'il allait dire....

La fermière s'étonna de son mutisme; elle allait l'interroger, lorsqu'il prit la parole avec effort.

« Ma chère dame, dit-il, avez-vous entendu parler de la maladie de Fridoux ?

— Non, dit Julienne avec indifférence, tout en reprenant son travail; depuis que le pauvre Friquet m'a abandonnée, je n'ai plus entendu parler de son méchant père, Dieu merci ! »

Le docteur s'agita.

« Il a une fièvre cérébrale, reprit-il, et dans son délire... il dit des choses étranges. »

Julienne leva la tête.

« Il parle de Robert.... poursuivit le docteur en évitant le regard de la fermière.

— De Robert ! s'écria Julienne, toute pâle; et que peut-il en dire ? il ne le voit plus ! »

Le docteur prit la main de la pauvre femme.

« Promettez-moi d'être calme, lui dit-il lentement, et je vous dirai tout. »

L'émotion de Julienne était extrême ; elle la domina par un effort puissant....

« Parlez ! dit-elle, je veux tout savoir. »

Alors, avec mille ménagements, mais avec une profonde tristesse, le médecin lui dit ce que lui avait appris le délire du misérable dont il venait de quitter le chevet. Les friponneries de Robert devaient être connues de Julienne, déclara le docteur, afin qu'elle surveillât sa conduite et l'empêchât de se déshonorer publiquement. Heureusement pour la famille Hardy, Friquet seul avait entendu ces terribles révélations.

Muette et immobile, Julienne écouta le docteur jusqu'au bout ; lorsque celui-ci s'arrêta, la bouche de l'infortunée eut un léger tressaillement.

« C'est bien, dit-elle alors d'une voix faible : et maintenant, que me conseillez-vous encore ?

— Envoyez Simplette, si c'est possible, aider Friquet à soigner son père, répondit le docteur, étonné de l'attitude gardée par Julienne : il lui faut quelqu'un, et si le malade parle encore, vous êtes sûre de la discrétion de cette brave fille.

— Ce sera fait, dit lentement Julienne ; est-ce tout ?

— Non, dit le docteur troublé ; je vous ordonne (vous entendez bien ?), *je vous ordonne* de vous soigner, pour l'amour de Germain. »

La pauvre femme étendue, froide, sur le plancher.

Il voulait ajouter encore quelques paroles consolantes : l'entrée de Simplette l'en empêcha. Avec une précision froide, Julienne lui donna les instructions et l'envoya au secours de Friquet. Le médecin s'éloigna à contre-cœur, mais il lui fallait aller voir un autre malade et il dut partir sans retard.

Restée seule, Julienne alla contempler le portrait de Germain....; tout à coup elle tressaillit.

« Comme il lui ressemble ! murmura-t-elle ; grand Dieu !.... s'il allait l'imiter ! »

Cette idée la frappa au cœur.

« Le déshonneur pour lui aussi, oh ! cela, ce serait trop ; vous ne le permettrez pas, mon Dieu ! quelle horreur ! Mon Germain, où es-tu pour me rassurer ? Je ne veux pas douter de toi, mon enfant, et cependant.... ah !.... du calme, il m'en faut....; mais comment en avoir avec ces idées qui m'entrent dans le cœur comme des poignards ! Je veux penser à Germain pour avoir du courage, il l'a dit, le docteur ; je dois me soigner pour... Dieu ! qui vient là ? .... je vois briller un fusil.... un gendarme peut-être.... ah ! Robert est perdu ! »

Et, poussant un cri terrible, la pauvre Julienne s'affaissa sur le plancher.

Bientôt Porphyre parut à la barrière, un fusil sur l'épaule....

« V' là le fugil de not' maître joliment nettoyé, grommelait-il tout en se dirigeant vers la maison ; l' voigin ch'entend bien à cha : je vas l' montrer à la maîtrèche. »

Que devint-il en voyant la pauvre femme étendue, froide et immobile sur le plancher!

Il jeta le fusil, souleva la fermière, la porta sur son lit et courait çà et là, tout égaré, en appelant Simplette au secours, lorsque Robert entra soudain.

Au même instant Julienne ouvrit les yeux.

« Qu'est-il donc arrivé? dit vivement le maquignon.

— J'ai trouvé la maîtrèche étendue par terre comme une morte, répondit Porphyre d'une voix entrecoupée : la v' là qui che remue... ah! mon Dieu! »

Et soudain, il recula devant le regard fixe de Julienne.

« Eh bien, tu es donc malade? » dit Robert en s'approchant.

La fermière le repoussa par un geste brusque.

« Rien! je ne dirai rien! fit-elle d'une voix brève.

— Et pourquoi? reprit le maquignon étonné, tout en voulant lui prendre la main.

— Ne me touchez pas! s'écria Julienne avec violence, ou sans cela j'appellerai Robert pour me défendre. Oh! qu'ai-je donc dans la tête? A moi

ermain ! empêche cet homme de nous emmener
n prison; cache ton père surtout, entends-tu?... »
En disant ces mots, elle s'élança hors du lit
t courut dans la cour.

« Not' maître, dit Porphyre en tremblant, est
he que.... »

Il n'osa achever, mais déjà Robert épouvanté
l'avait compris et avait couru vers Julienne.

Celle-ci était allée au jardin et y prenait des
roses dont elle remplissait son tablier.

« Voilà ! voilà ! disait-elle à demi-voix : cet argent sera bien nécessaire à Robert; cela l'empêchera de.... chut!.... ne disons rien, le docteur l'a dit : Fridoux a parlé, mais on ne le saura pas. Friquet seul était là.

— Ah! grand Dieu, que dit-elle? bégaya Robert devenu livide ; oh! est-ce déjà l'enfer qui commence? Non, je ne veux pas! je me repens! Julienne, ma pauvre femme, reviens à toi, pardonne-moi!... je veux vivre en réparant mes torts...

— Silence donc ! dit Julienne sans l'écouter : il faut nous cacher tous et garder le secret; je rentre pour serrer le trésor. Pauvre Robert ! il va pouvoir redevenir honnête maintenant. »

Elle reprit d'un pas saccadé le chemin de la maison.

Porphyre, dit Robert fou de douleur, cours

chercher le docteur : il faut qu'il fasse cesser cet horrible délire ; oh ! misérable que je suis ! »

Le brave serviteur partit en toute hâte et Robert alla rejoindre sa femme ; les paroles entrecoupées de la malheureuse lui firent tout comprendre. Elle savait ce qu'il s'était passé et sa fière probité n'avait pu supporter cette révélation.

Il resta accablé, la tête entre ses mains, jusqu'à l'arrivée du docteur, que Porphyre avait eu la chance de trouver, au moment où il allait s'éloigner du village.

Le docteur s'était attardé exprès, car il craignait cette crise et l'effet de ce nouveau malheur ; il examina longuement Julienne, puis, s'éloignant d'un air morne, il s'approcha de la table et se mit à rédiger son ordonnance.

Robert attendait avec angoisse ; le docteur, après avoir fini d'écrire, le prit par le bras et l'emmena dans la cour.

« Eh bien ! dit-il rudement : il vous faudra veiller sur votre victime maintenant, monsieur le maquignon, elle est folle ! »

Robert chancela et serait tombé si le médecin ne l'eût soutenu.

« Vous dites ? docteur.... » fit-il d'une voix étranglée.

Le bon médecin se repentait déjà de ses dures paroles

« Il ne faut pas la quitter d'un seul instant, reprit-il d'un autre ton ; je crains tout de ses excès d'exaltation. »

Et il se disposait à s'éloigner, lorsque Robert le retint.

« Docteur, s'écria-t-il avec désespoir, dites-moi des injures, battez-moi, foulez-moi aux pieds, mais sauvez-la!... »

Le médecin secoua la tête avec découragement.

« Hélas ! sera-ce possible? soupira-t-il.

— Sauvez-la ! reprit Robert avec une exaltation croissante ; vous qui êtes bon chrétien, vous qui savez prier, obtenez de Dieu qu'il épargne la victime et qu'il écrase le bourreau. Oh ! ma Julienne, pauvre amie repoussée et méconnue par ma coupable folie, puisses-tu prendre ma vie et la raison dont j'ai si mal usé, pour me donner ta misère à la place ! »

Et Robert, s'arrachant les cheveux, tomba à genoux devant le docteur tout ému.

« A tout pécheur miséricorde, mon pauvre ami, dit M. Bonnel en s'essuyant les yeux et en le forçant à se relever : espérez !... Le Ciel m'est témoin que je ferai tout mon possible pour rendre la raison à votre excellente et malheureuse femme. »

Robert ne pouvait plus parler.... ; il lui fallut attendre quelques instants avant de pouvoir demander au docteur ce qui s'était passé. Le bon médecin le mit au courant de ce qui était arrivé, et le maquignon frémit, en songeant que le délire de Fridoux pourrait tout dévoiler aux gens du pays, malgré les efforts et les précautions de M. Bonnel. Ce dernier prit alors congé de lui et Robert revint près de Julienne pour la garder sans cesse, aidé de Porphyre, qui se prêtait au délire de la pauvre folle avec un dévouement admirable.

Quelle vie pour Robert! D'un côté Julienne, dont l'esprit égaré demandait à toute minute une surveillance minutieuse; de l'autre côté Germain, qui, habitué aux lettres fréquentes de sa mère, s'inquiétait et s'attristait de son silence.

Sur ces entrefaites, la mort délivra Friquet d'un tyran qu'il avait toujours redouté avec raison.

Fridoux avait semblé se repentir lors de son agonie, et il avait pu recevoir l'absolution; puis le délire l'avait repris et il avait parlé encore de ses friponneries, faites de concert avec Robert. La mère Gaudry était alors entrée sans être aperçue, avait écouté avidement, puis était repartie sur l'injonction de Friquet, qui avait, mais trop tard, remarqué sa présence.

On sait ce qu'est une bavarde dans un village; elle vaut un journal et répand les nouvelles avec une rapidité pleine de malveillance.

Robert, ne sortant pas de chez lui, ne se doutait pas de ce qui se passait, non plus que Porphyre ; mais le docteur, Friquet et Simplette s'en désolaient pour les pauvres Hardy.

En apprenant la folie de Julienne, Friquet s'était repenti de l'avoir délaissée dans la sauvagerie de son désespoir, et il allait souvent au Vallon-Vert aider Robert et Porphyre à garder la pauvre femme : cela leur permettait de travailler et de gagner leur vie. Simplette venait souvent aussi pour soigner la vache et faire le ménage.

CHAPITRE X

Retour imprévu

Un jour, Robert était allé aux champs ramasser des pommes de terre, lorsqu'il recula soudain en laissant tomber sa bêche! Son fils était devant lui...

« Vous ici, mon père, et allant travailler vous-même? s'écria gaiement Germain; vous allez chômer aujourd'hui en mon honneur, s'il vous plaît. J'ai obtenu de la bonté de mon directeur deux jours de congé, que je consacre à vous et à ma terrible et paresseuse mère. Oh! je n'y tenais plus! Savez-vous que voilà un mois qu'elle ne m'a écrit! C'est bien mal et je viens lui en demander la cause. Mon Dieu! qu'avez-vous, père? vous êtes tout pâle...; je vous ai surpris, c'est ma faute; allons vite à la ferme, cela vous remettra.

— Allons à la ferme!... »

Robert, déjà bouleversé, sentit des remords poignants déchirer son cœur. Pauvre enfant! le voir là, tendre et joyeux, et se dire qu'il l'avait ruiné, qu'il avait rendu sa mère, sa bonne mère, folle de douleur! Se dire qu'il avait vécu d'escroqueries et qu'il tremblait de voir le honteux passé dévoilé à cet enfant si plein d'honneur!

Le malheureux défaillit et dut s'appuyer sur Germain pour ne pas se trouver mal.

« Laissez-moi vous soutenir, mon pauvre père, dit Germain, en retenant la main de Robert un peu remis; je suis si fier de vous être utile.... »

Robert balbutia quelques mots, en regardant avec un amour désespéré ce beau jeune homme fort, bien développé et portant avec fierté ses dix-sept ans. Une légère moustache ombrageait sa lèvre supérieure; il était grand, svelte et ressemblait d'une manière frappante à son père.

Germain regardait Robert, de son côté, et constatait avec une triste surprise le changement opéré en lui.... Quoi! quelques semaines avaient suffi pour mêler des fils d'argent à sa chevelure! des rides sillonnaient son front, ses yeux s'étaient éteints et creusés.... et sa figure était si triste!...

Robert s'arma tout à coup de courage. « Germain, dit-il en saisissant la main de son fils inquiet, je t'avais caché notre premier malheur, mais je ne puis te le taire plus longtemps, puisque tu reviens au pays. A la suite de mauvaises affaires, nous avons dû vendre la ferme et nous installer au Vallon-Vert. »

Un instant muet de surprise, Germain répondit courageusement : « Je le déplore, mon bon père, plus pour vous et pour maman que pour moi; mais puisque, grâce à vous, j'achève cette année mon éducation, je crois pouvoir vous venir bientôt en aide et je ne désespère pas de vous rendre un jour par mon travail ce que vous avez eu la douleur de perdre! Voir maman me fera tout oublier et tout espérer, allons vite au Vallon-Vert. »

Robert, éperdu, arrêta son fils, qui se disposait à partir pour leur nouveau logis.

« Je ne t'ai pas tout appris, bégaya-t-il d'une voix éteinte; le premier malheur que je viens de t'annoncer n'est rien.... non, rien, hélas!... à côté du second!... Ta mère.... »

Germain poussa un cri terrible, s'arracha aux étreintes de son père et partit comme une flèche, fou de douleur, en pensant que sa mère souffrait à son insu !

Hors de lui, Robert le suivait sans pouvoir l'atteindre. Il s'arrêta avec saisissement en voyant Julienne, assise sur le seuil de sa porte et Germain s'élancer vers elle et la couvrait de caresses.

« Oh! dit le jeune homme d'une voix entrecoupée, mon père m'avait fait si peur.....; non, grâce au ciel! elle va bien!.... Tu avais été malade, mère? c'est pour cela que tu ne m'écrivais pas?... Ah Dieu !.... tu me repousses? tu ne reconnais donc plus ton Germain?.... Mon père, mon père, accourez vite, regardez-la donc.... Quels yeux étranges!.... oh! qu'a-t-elle? »

Robert, au désespoir, tomba à genoux en sanglotant.

« Chut!.... dit Julienne à demi-voix; pas de bruit, il faut tout cacher.... pour sauver....

— Julienne! oh! tais-toi! » s'écria le malheureux coupable, avec un cri déchirant.

Germain était resté foudroyé ; il regarda son père en essayant, mais en vain, de parler.

« Pleure, ah! pleure! mon pauvre ami, dit Friquet, qui sortit soudain de la maison et courut vers lui ; ta douleur f'ra peut-être un miracle en rendant à ta pauv'mère sa raison égarée.... »

A ces mots, Germain, les yeux hagards, se jeta avec désespoir aux genoux de Julienne.

Tu ne reconnais donc plus ton Germain ?

« Dis-moi qu'il ment, mère! Oh! parle-moi donc? Toi, folle? Dieu, mon Dieu! toi, si tendre, si calme, si admirable de vertus.... Ah!.... tu souris, tu me reconnais, n'est-ce pas? »

Julienne fit un signe de tête.

« Oui, dit-elle, oui, monsieur le brigadier, je savais bien que vous ne seriez pas sévère : vous ne l'emmènerez pas?.... »

Germain éclata en sanglots.

« Oh! c'est fini! disait-il en gémissant, j'ai perdu ma mère!.... que vais-je devenir? C'était pour elle que je travaillais avec courage : je voulais réussir pour la rendre heureuse, tout est perdu pour moi. Maintenant que vais-je devenir? Mon Dieu, ayez pitié de moi! faites-moi mourir!....

— Germain, dit alors la voix lamentable de Robert, tes paroles me tuent! grâce pour moi! »

Porphyre, qui s'était approché inaperçu du jeune homme, lui saisit le bras en murmurant :

« Ton père n'a plus que toi, y penches-tu cheulement? »

Germain se jeta dans les bras du maquignon.

« Oh! je suis coupable de vous oublier, mon pauvre père, soupira-t-il à travers ses larmes; soyez tranquille, je vais bientôt avoir du courage; mais maintenant laissez-moi pleurer près de vous! »

Robert, brisé de douleur, le serra convulsivement sur sa poitrine et l'entraîna dans sa chambre; il y fit venir Friquet, dont le ravissement en voyant Germain consola un peu le jeune homme et sut le ranimer. Le jeune Fridoux demanda à Germain de venir demeurer chez lui, afin de ne pas gêner les allées et venues de Julienne, et Robert approuva vivement ce projet, qui ôtait au pauvre Germain la vue continuelle de sa mère, vue navrante pour le brave enfant.

Friquet emmena donc Germain dans sa maison, et il lui prépara un souper auquel le pauvre garçon toucha à peine. Sa douleur déchirante était devenue une espèce de torpeur tranquille que Friquet prit pour du calme et qui le tranquillisa; il lui prépara un lit de bonne heure et se réjouit de le voir assez promptement céder par épuisement au sommeil…. Quant à Friquet, il ne se coucha pas…. Il ne pouvait se lasser de regarder Germain et de se dire : « Il est revenu et il m'aime toujours!…. »

CHAPITRE XI

Robert Macaire

Le lendemain de bonne heure, Germain s'éveilla; il regarda avec étonnement la chambre où il se trouvait, puis, reconnaissant Friquet, qui lui souriait avec amitié :

« Ah! je me souviens, dit-il avec abattement.... Oh! Friquet, que je souffre! » Et il cacha sa figure dans ses mains, tandis que les larmes ruisselaient à travers ses doigts contractés.

« J' voudrais pouvoir te consoler, dit Friquet d'une voix émue; mon bon Germain, je n' puis qu' t'aimer à ma manière : j'n'ai pas d'éducation, moi! et toi, v'là tant de temps qu' t' es parti pour apprendre! »

Germain fit un effort et s'essuya les yeux à la hâte, puis, regardant Friquet :

« Il y avait longtemps que je ne t'avais vu, mon ami, lui dit-il en s'efforçant de paraître calme; voyons, que je te regarde.... Eh ! mais.... pourquoi deviens-tu si rouge? as-tu peur que je ne te trouve pas joli garçon? Tu aurais tort, car tu es fort bien à présent, tu as un air éveillé qui te sied à merveille. »

Enchanté de voir que Germain prenait ainsi sur lui, Friquet répondit avec entrain, et bientôt les deux jeunes gens furent attablés et firent honneur au frugal repas de la veille, encore presque intact.

A peine avaient-ils fini, que Robert entra.

Le maquignon semblait accablé par une profonde et récente émotion; il voulait informer Germain de quelque projet arrêté, car à peine les premières paroles de bienvenue furent-elles échangées et les nouvelles de Julienne données, qu'il entama résolûment la conversation en ces termes :

« Mon enfant, après avoir vu ta pauvre mère, tu vas repartir ce soir. »

Friquet poussa une exclamation désolée et ouvrait la bouche : son ami le prévint.

« Partir? mon père, c'est impossible! Soigner ma mère est pour moi un devoir sacré ; je n'aurais plus de cœur à l'étude; vos ressources sont trop restreintes d'ailleurs; je veux et dois rester pour vous aider à gagner notre vie.

— Bravo! » s'écria Friquet, rayonnant.

Robert avait affreusement pâli.

« Rester! répéta-t-il, oh! je ne te le permets pas. Tu ne peux briser ton avenir pour vivre ici, morne et désolé, entre une pauvre mère insensée et un père dont.... »

Il s'arrêta brusquement, essuya la sueur froide qui baignait son front et reprit :

« Non, tu dois partir, achever ton éducation et développer ton talent. Je puis subvenir à ces dernières dépenses et j'entends le faire. Mon enfant, je compte sur ton obéissance.... »

Il n'osa continuer; le regard de Germain était fixé sur lui avec une expression singulière de méfiance et d'irritation.

« Nous verrons cela demain.... oui, demain, mon père, dit le jeune homme avec lenteur, comme s'il se parlait à lui-même; avant tout, je vais aller voir ma malheureuse mère.

— Je t'accompagne, » dit Robert, avec effort.

Germain ne répondit pas; il sortit et se dirigea, sombre et silencieux, vers le Vallon-Vert. Robert marchait à côté de lui, se demandant avec angoisse ce qui se passait dans le cœur de son fils. Friquet les suivait, inquiet et triste en pensant à l'avenir.

Ils arrivèrent ainsi à la chaumière. Là Germain entra chez Julienne et s'assit à côté d'elle, en lui prenant la main.

La folle le repoussa.

« Silence donc! dit-elle; si l'on venait, tout serait perdu.

— Et pourquoi donc, ma mère? » demanda vivement le jeune homme à la malheureuse femme.

Robert, qui avait suivi son fils, se troubla et posa sa main sur l'épaule de Germain.

« Ne la tourmente pas par des questions, lui dit-il, effrayé de ce que Julienne pourrait dire: cela lui fait mal!

— Ah! dit le jeune homme d'un air singulier, en regardant son père de la même façon qu'il l'avait contemplé chez Friquet; c'est bien, je la laisse. »

Il se leva alors et sortit brusquement.

Robert était d'une anxiété impossible à décrire. « Sait-il déjà quelque chose? se demandait-il, en se prenant la tête avec désespoir. Oh! si j'allais être forcé de rougir devant mon enfant!... Ne permettez pas cela, Seigneur! Mais non... je me trompe, il n'a vu personne et il va repartir. Ce que j'ai entendu ce matin sur la route m'a glacé le sang! On sait donc.... Oh! il faut que je revoie Germain, je veux me délivrer de cette angoisse. »

Et il s'élança hors de la maison, en priant Porphyre, qui rentrait, de veiller sur Julienne.

Lorsque Robert fut dans la cour, il chercha son fils des yeux et le vit près de la haie, debout et immobile. Il alla vers lui et allait lui parler, lorsque Germain, pâle comme un spectre, saisit une de ses mains avec une force surhumaine et lui mit l'autre main sur la bouche. Robert resta pétrifié, car il entendait parler derrière la haie et les premiers mots le clouèrent au sol, face à face avec son fils, dont les regards étaient devenus des éclairs....

« Oui, disait une voix de femme, c'est la maison la plus mal famée du canton à présent, et si Fridoux avait dit aux gendarmes les escapades de Robert, les Hardy en auraient vu de drôles !

— Vous avez raison, mère Gaudry, répondit une voix d'homme; c'est pas étonnant si Julienne a la tête tournée.... elle avait découvert le pot aux roses, c'te femme, et dame! ça lui a fait un effet !

— Les gars lui ont donné son vrai nom à c'filou d' Robert, reprit la première voix; savez-vous comment ils l'appellent, père Grimbart?

— Non, ma fi! dit l'autre.

— Robert Macaire, s'écria la vieille.

— Ah! ah! ah! c'est bien tapé!

— C'est son vrai nom d' famille: allez! à présent, faudra fièrement d' peine pour lui rendre l'ancien. »

Grimbart fit chorus aux rires de la méchante bavarde, puis tous deux se levèrent du tertre où ils étaient assis et s'éloignèrent tranquillement.

Robert n'avait pas fait un mouvement.... Les yeux rivés sur la figure contractée de son fils, il lisait dans ses traits expressifs l'épouvante, le mépris, l'indignation portée à son comble et il souffrait les tourments de l'enfer.... Était-ce un rêve? faisait-il horreur à celui qu'il aimait si profondément?.... Il voulut prendre la main du jeune homme, qui avait chancelé soudain.

« Ne me touchez pas! » s'écria Germain, avec un accent tel, que le malheureux père se demanda si c'était son fils ou bien son ennemi qui lui parlait.

Après un silence, pendant lequel on entendai la respiration oppressée des deux hommes, Germain se détourna.

« Je vais près de ma mère et j'y resterai, reprit-il d'une voix entrecoupée par la violence de ses émotions. Vous n'oserez pas m'en empêcher, je pense, maintenant que je sais la raison de sa folie ! »

Et d'un pas étrange par sa lenteur sépulcrale, le jeune homme alla retrouver Julienne.

CHAPITRE XII

L'étang

Lorsqu'il vit disparaître son fils, le malheureux Robert sortit de sa stupeur. Il se dirigea machinalement vers la barrière, l'ouvrit et s'éloigna.... Où allait-il, aussi vite que le lui permettait son tremblement universel ? Vers un étang profond, situé non loin du Vallon-Vert...

Il marchait, le regard fixe, égaré, au désespoir ! Il voulait accomplir ce qu'il croyait être un acte de délivrance et ce qui était la faute et l'horreur suprêmes ; il voulait se tuer, et il ne pensait pas, le misérable fou, à vivre pour racheter le passé, en expiant courageusement les fautes par les souffrances !

Arrivé près de l'étang, il chercha des yeux un endroit favorable à son sinistre dessein et s'élança dans l'espace. Une main vigoureuse le rejeta en arrière et il vit près de lui le docteur Bonnel.

« Eh quoi ! dit le médecin avec énergie, allez-vous agir en lâche et en impie ? Voulez-vous anéantir une vie que vous laisse la divine miséricorde ?

— La miséricorde ! dit Robert d'un accent farouche ; dites la malédiction. Que peut faire en ce monde un père haï et rejeté par son fils ?

— Prier, expier et bénir Dieu des épreuves qui vous purifient, répondit le docteur avec force. Quoi ! vous avez par le baptême reçu la promesse du Ciel, et vous l'anéantiriez pour toujours ? Votre fils, dites-vous, a tout découvert. C'est votre punition, et elle vous est envoyée pour votre salut ! Venez, quittez ce lieu fatal ! allez, pauvre homme égaré, vous faire consoler par le représentant de Dieu, par l'excellent prêtre qui pardonne au nom du bon Pasteur. C'est là, et là seulement, mon pauvre Robert, que vous aurez les divins conseils et la force du repentir ; là, vous aurez un refuge, en attendant que je ramène Germain à ses devoirs.

Robert était subjugué par l'accent entraînant du noble cœur qui l'avait pris en pitié ; il se jeta dans ses bras en suffoquant, et le docteur l'entraîna doucement et le conduisit au presbytère.

Qu'il y avait de compassion céleste dans les yeux du curé, lorsque le docteur lui raconta ce qui venait de se passer ! Hélas ! bien des fois il avait tenté de ramener Robert, mais toujours en vain. Julienne, quoique remplissant strictement ses devoirs religieux, ne l'avait jamais pris pour confident de ses peines, et Germain, après sa première communion, s'était éloigné du pays.

On conçoit donc les sentiments de tendre pitié qui agitaient le cœur si dévoué du prêtre. Il dit à Robert de se considérer comme chez lui, tandis qu'il allait envoyer le bon docteur parler à Germain et voir quels étaient ses sentiments, alors que la raison et l'amour filial auraient fait entendre dans le cœur du jeune homme leurs voix puissantes et toujours écoutées jusqu'alors.

Robert se soumit aux prescriptions du bon curé et resta au presbytère pour se remettre de ses terribles émotions. Le docteur partit alors et se dirigea rapidement vers le Vallon-Vert. Une fois seul, sa figure expressive trahit une crainte profonde.

.« Que va-t-il me répondre ? se disait-il avec inquiétude. Son jeune honneur est indigné : les malheurs l'accablent ; ils l'aigrissent peut-être, et moi, que vais-je faire ? comment m'y prendre ?

A la grâce de Dieu ! Il m'inspirera, je ne dois pas en douter ! »

Ce fut avec un battement de cœur que M. Bonnel arriva au Vallon-Vert. La porte était fermée : il l'entr'ouvrit doucement et entra.

« Où est Germain ? demanda-t-il à Simplette qui pleurait.

— Dans la chambre de la maîtresse, répondit-elle.

— Ah! près de sa mère ? Diable ! ce sera plus difficile, fit le médecin entre ses dents. Allons, j'y vais. »

A genoux près de Julienne endormie, le jeune homme sanglotait à fendre le cœur. La tête dans ses mains, il n'avait pas entendu entrer le docteur et tressaillit violemment en sentant une main se poser sur son bras.

« Germain, dit M. Bonnel d'une voix grave, je viens de conduire ton père au presbytère et je l'ai confié à notre bon curé pour le détourner de ses idées de suicide. »

Germain poussa un cri sourd....

« A présent que tu sais tout ce que savent les autres, que comptes-tu faire ? » demanda brusquement le docteur.

Le jeune homme se releva soudain et répondit avec emportement:

« Emmener ma mère et aller vivre au loin, en quittant notre nom déshonoré !

— Ah ! ah ! dit froidement le docteur, quoique ce projet soit d'un lâche et d'un mauvais fils....

— Monsieur, s'écria Germain menaçant, prenez garde !...

— D'un lâche et d'un mauvais fils, reprit le docteur en se croisant les bras et en regardant le jeune homme en face. Je veux bien, comme l'ami de la famille le plus ancien et le plus dévoué, le discuter avec toi ; la folie de ta pauvre mère ne doit-elle pas t'indiquer quels sentiments elle a conservés pour son mari, pour ton père, et ne doit-elle pas te tracer ta conduite ? Il serait digne et noble à toi, chrétien, de racheter par ton honneur l'honneur paternel tombé. Veux-tu, au lieu de laisser comme un jouet public le nom souillé de ta noble mère, veux-tu le relever ? Efface par tes vertus les taches du passé, marche dans la vie, tranquille et ferme, utile à tous, exemple vivant d'honneur et de probité ; dévoue-toi à Robert ; soutiens et affermis son repentir et regarde couler ses larmes en les offrant à Dieu comme la rançon du passé. Ah ! tu le veux, n'est-ce pas ? tes yeux brillent et tu m'embrasses.... Tiens regarde, tu me fais pleurer de joie ! et maintenant va voir ton père et ramène-le dans le foyer qu'il n'oserait revoir sans ton aide. »

Germain s'était élancé en courant... Il arriva au presbytère, tout haletant d'émotion, et là, se jetant aux genoux de Robert éperdu, il couvrit de baisers les mains tremblantes de son pauvre père à moitié évanoui.

Enfin on put s'expliquer; le curé écouta avec attendrissement le jeune homme raconter avec feu comment ses idées coupables avaient disparu en écoutant les nobles conseils du docteur, et Robert revint lentement au Vallon-Vert qu'il ne croyait plus revoir, appuyé sur le curé et sur son fils. En les voyant passer, quelques paysans s'étonnèrent, mais nul n'osa proférer ni raillerie ni insulte, et ils arrivèrent au logis, où le docteur les attendait avec impatience. Il coupa court aux remercîments chaleureux que voulait lui prodiguer Robert et partit avec le curé, laissant discrètement le père et le fils livrés à eux-mêmes.

CHAPITRE XIII

Les joies de la mort

Dans leurs épanchements, Robert et Germain oublièrent presque leurs malheurs.

Heureux de pouvoir enfin ouvrir son cœur, Robert raconta à Germain toute sa vie passée : il fit courageusement avec lui le total des sommes que lui avaient rapportées ses affaires malhonnêtes, et il convint avec son enfant de vendre le Vallon-Vert pour restituer ce que le maquignonnage lui avait procuré : le produit de la vente devait suffire pour indemniser les gens dupés par Robert. Au milieu de ces conversations, le fermier s'arrêtait parfois pour porter la main à sa poitrine, mais il reprenait la parole avec calme et Germain pensait s'être trompé en attribuant ce geste à la souffrance.

Tous deux travaillaient avec ardeur; par leurs soins, le bien s'améliorait et l'on avait résolu de ne le vendre qu'à l'automne, afin d'en tirer un meilleur parti.

Julienne semblait plus calme et même pensive. Parfois elle regardait fixement Germain et Robert, puis elle allait dans sa chambre et y restait seule, sans vouloir personne auprès d'elle.

Un matin, Germain à son réveil était allé, sans prévenir son père, arranger une haie nouvellement plantée; il s'attendait à voir Robert venir à son aide, mais la matinée s'écoula sans que le fermier parût. Germain en aurait été inquiet, si l'arrivée de son ami n'eût changé le cours de ses idées; la présence de Friquet l'avait égayé et distrait. Ce dernier l'aida de tout son pouvoir, et tous deux, chargés des outils de travail, revinrent au Vallon-Vert en causant.

« Qu'est-il donc arrivé à la mère Grimbart? dit Germain pendant la route; Simplette, qui y est retournée depuis quinze jours, nous a dit hier qu'elle était horriblement écorchée.

— Oh! c'n'est rien, dit Friquet embarrassé; elle sera tombée, v'la tout. »

Germain sourit d'un air incrédule.

« Simplette m'avouait aussi que sa tante

vociférait quand on parlait de toi devant elle, » ajouta-t-il.

Friquet devint tout rouge.

« Nous n' sommes pas amis, dit-il brièvement.

— Tu lui as fait quelque malice? reprit Germain avec insistance; raconte-moi cela, voyons; il y a un peu de chardons dans l'affaire, ai-je entendu dire.

— C'est une langue de vipère, répliqua Friquet poussé dans ses derniers retranchements, et quand elle est tombée d' son âne....

— Que tu avais fait ruer peut-être? reprit Germain.

— Dame, dit Friquet, j' l'avais chatouillé un peu, pour ennuyer la bonne femme, et le malheur a voulu qu'elle soit tombée l' nez sur....

— Des chardons, acheva le jeune homme en souriant. Terrible Friquet, va! avoue que c'est à cause de.... »

Il s'arrêta et son rire se changea en soupir lorsqu'il dit enfin :

« A cause de mon pauvre père. »

Friquet allait répliquer, lorsqu'on vit arriver Porphyre tout essoufflé.

« Vite! leur cria-t-il, venez vite : not' maître est bien malade. »

Les jeunes gens se regardèrent avec effroi et

s'élancèrent à l'envi vers le Vallon-Vert. Ils arrivèrent en un instant au logis et y trouvèrent le docteur, qu'un heureux pressentiment avait amené là dans sa tournée ; il venait de saigner Robert, qui avait été saisi par une violente attaque d'apoplexie et qui gisait sur un matelas jeté par terre. Le fermier revenait lentement à lui ; lorsque les jeunes gens entrèrent en courant, il les reconnut et leur sourit.

« Germain, dit-il avec peine, le.... curé.... le voir.... vite !... cours....

— J'y vais, s'écria Friquet ; reste ici, Germain. »

Et avant que ce dernier eût pu le remercier, il avait disparu.

« Brave enfant ! murmura le malade : que n'ai-je imité son dévouement ?..; maintenant, je vais mourir sans pouvoir.... réparer....

— Mon père, oh ! ne parlez pas ainsi, » s'écria Germain avec douleur.

« Allons donc ! dit le docteur, tout en préparant une potion ; pas de ces idées-là, Robert ; une attaque n'est pas une maladie mortelle, dans la plupart des cas. »

Robert secoua tristement la tête.

« Je me sens.... frappé à mort, répondit-il. Mais je me soumets....; la volonté de Dieu est la mienne.

— Brave homme! dit le médecin, en le regardant avec des yeux humides.

— Oh! c'est que je sens les vérités que m'a dites M. le curé, reprit Robert; je suis si heureux de m'être réconcilié avec le bon Dieu! l'expiation ne sera jamais assez grande, à mon gré! Ce qui me tranquillise, c'est d'avoir vendu ces jours-ci le Vallon-Vert, dont vous allez toucher le prix et l'employer en restitutions. »

Sa voix s'était ranimée et ses yeux brillaient. Après une pause, il retomba en arrière, en poussant un profond soupir.... Julienne entrait!

Elle marchait à pas lents, comme une personne préoccupée; elle alla s'asseoir dans un coin et resta là, immobile, et les yeux baissés.

Le docteur eut un geste de compassion en voyant Germain regarder sa mère avec un amour désolé.

Il y eut un silence prolongé, que rompit seule l'arrivée de Friquet.

« Celui-ci entra vivement et dit d'un ton chagrin :

« M'sieu le curé n'est pas là et l'on ne sait à quelle heure il va rentrer. »

Robert tressaillit.... l'angoisse se peignit sur sa figure.

« Ne peut-on en demander un autre ? » dit-il péniblement.

Le docteur se pencha vers lui.

« On ira si vous le désirez, » répondit-il avec bonté.

Robert le prit par la main, et l'attirant à lui, murmura quelques mots qui firent changer de visage au médecin.

« Germain, dit le docteur, avec une triste gravité, ton père désire te bénir avant de t'envoyer à la recherche d'un autre prêtre. »

Le jeune homme s'élança près de Robert et se jeta à genoux près de lui.

« O mon Dieu ! dit-il d'une voix pleine de larmes, pourquoi ?... déjà !... »

Les sanglots lui coupèrent la parole, le malade prit la belle tête blonde de son enfant dans ses mains et la contempla quelques instants avec un amour profond, pendant que les assistants, émus, gardaient un respectueux silence.

« Mon Germain, dit-il enfin d'une voix solennelle et calme, je me sens mourir ! Dieu m'appellera-t-il à lui avant ton retour ? je l'ignore. Dans la crainte terrible de ne pas te revoir, reçois les dernières bénédictions de ton misérable....

— Oh mon père ! s'écria Germain, le visage baigné de larmes.

— Oh oui! misérable, je dois le dire, reprit Robert d'une voix vibrante et avec des accents léchirants : que de fautes n'ai-je pas accumulées sur ma tête ! Je t'ai ruiné ! j'ai terni l'honneur de mon nom... J'ai fait plus encore : je t'ai ravi ta mère !... tu vas être complètement orphelin, puisque je meurs et que Julienne est folle à cause de moi! folle !... O Seigneur, ce mot me déchire l'âme. Je le sens, je suis indigne de vos miséricordes, mon Dieu! Mais à cause de Germain, de lui seul, ne me ferez-vous pas la grâce d'avoir pitié de l'enfant, en ayant pitié de la mère?...

Pendant ces paroles, auxquelles répondaient les sanglots des assistants, Julienne avait levé la tête....; peu à peu elle s'était approchée. Quand son mari cessa de parler, elle ouvrit la bouche, et dit à voix basse comme une personne qui rêve : « Robert, est-ce toi? »

Le mourant la regarda ; il vit briller un éclair d'intelligence dans ces beaux yeux mouillés de pleurs, et, poussant un grand cri, il tomba à la renverse, tandis que Germain soutenait sa mère défaillante... Celle-ci entr'ouvrit les yeux et le contempla avec surprise.

« Toi ? c'est toi ? soupira-t-elle enfin en l'étreignant avec passion; ah! que Dieu est bon de me réunir à mon enfant !...

— Oui, bénissons-le tous! » dit une voix douce et grave.

Les assistants se retournèrent, et l'on vit le curé sur le seuil de la porte.

Il s'approcha de Robert, que le docteur essayait de ranimer.

« Grand Dieu! arrivé-je trop tard? dit le bon prêtre avec angoisse.

— Il revient à lui, mais pour peu d'instants, répondit le médecin d'un air morne; hâtez-vous d'en profiter; ces dernières émotions l'ont achevé! »

Penché sur le moribond, le curé échangea avec lui quelques paroles et lui donna l'absolution, pendant que tous à genoux priaient et pleuraient; puis il fit signe à Julienne et à Germain d'approcher, afin de recevoir les adieux du mourant.

Celui-ci serra de ses mains défaillantes les mains qui l'enlaçaient avec amour et dit d'une voix éteinte et saccadée : « Quel bonheur de mourir.... ainsi!... La guérison de Julienne.... c'est un pardon du Ciel.... Dieu bon.... Vierge Sainte.... recevez-moi.... quelle douceur!... ah!.... »

Le soufle léger que venait d'exhaler Robert fut suivi d'un silence solennel.

« *Requiescat in pace!* » dit alors le curé d'un accent profond.

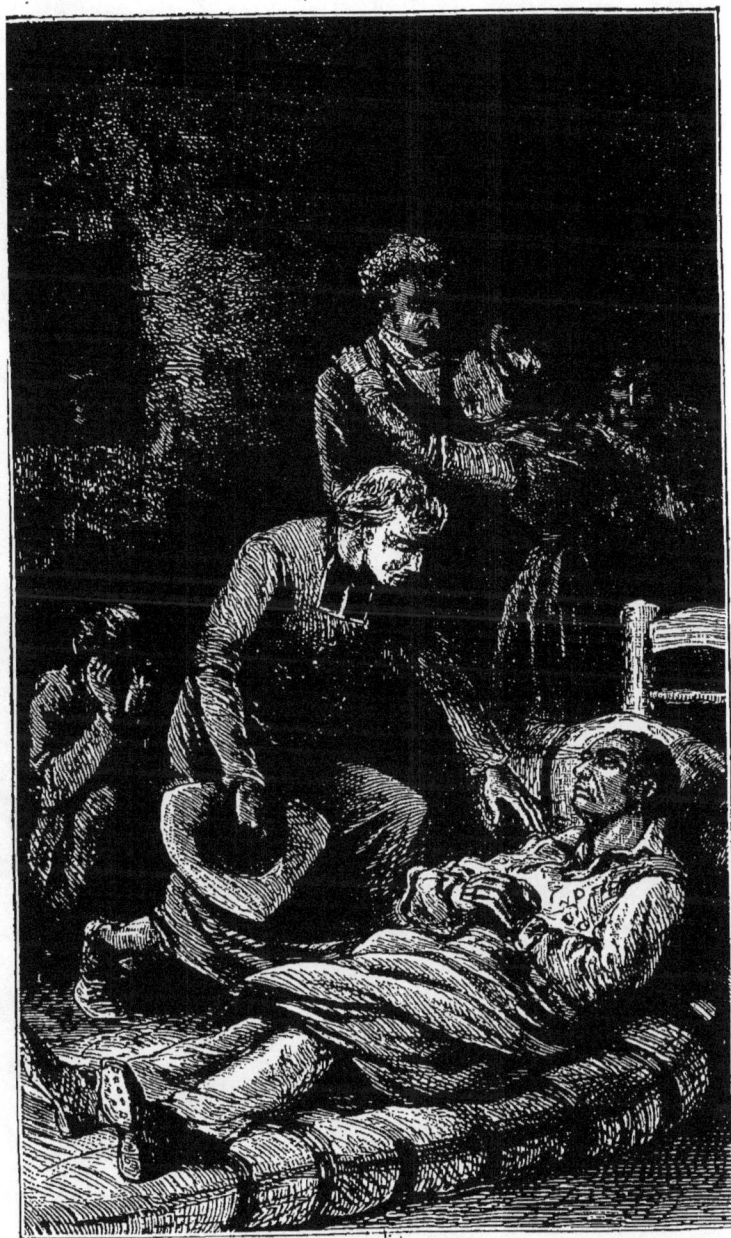

Penché sur le moribond, le curé échangea avec lui quelques paroles.

Et tous, étouffant leurs sanglots par un effort puissant, prièrent pour le pécheur repentant à qui Dieu venait de manifester si visiblement sa tendre miséricorde.

CHAPITRE XIV

L'amour filial et l'amour maternel.

Ces émotions suprêmes furent trop fortes pour la tête affaiblie de Julienne. Germain s'aperçut avec effroi que le trouble de cette intelligence si éprouvée redevenait manifeste. Il dut confier au bon curé et à Simplette le soin de s'occuper des tristes détails de l'ensevelissement de Robert et il emmena sa chère malade chez Friquet.

Là, installé près d'elle et suivant avec un soin minutieux les prescriptions du docteur, qui ne s'éloignait guère, il luttait avec le mal et le domptait souvent par la toute-puissance de sa tendresse.

Il vivait pour ainsi dire à genoux devant

elle, les mains dans les siennes ; le beau regard de Julienne reprenait sa douce et rêveuse expression en rencontrant les yeux de Germain, ces yeux dont l'éloquence muette parlait irrésistiblement à son cœur meurtri. Alors, se penchant avec une gracieuse lenteur vers le jeune homme palpitant d'espérance, elle lui parlait à voix basse du doux passé évanoui.... Puis un frisson parcourait le corps de la pauvre égarée, ses yeux se détournaient et regardaient vaguement dans l'espace ; sa bouche redevenait muette... les instants de bonheur filial étaient passés ! Ces éclairs de raison faisaient ressortir les souffrances de Germain, chaque fois plus assombri par ces douloureux contrastes ; mais son énergie grandissait avec la lutte. Le docteur le comprenait bien et il disait avec admiration et confiance au curé et aux amis de la pauvre famille :
« Ma seule espérance d'un succès est en Germain ! »

Quelques jours se passèrent ainsi dans l'angoisse et dans de poignantes alternatives. Le jeune homme était un matin à côté de sa mère, et son morne regard était fixé sur Friquet, qui baissait la tête.

« Il n' faut plus guère espérer, mon pauvre ami, murmurait le jeune garçon : tout c' qui était humainement possible a été tenté, disait c' matin

M. Bonnel ; ton avenir te consolera peu à peu, a-t-il ajouté, et ta carrière.... »

Germain tressaillit ; ses yeux lancèrent des éclairs.

« Je n'ai plus de carrière, je n'ai plus d'avenir ! répondit-il fièvreusement.

— Que dis-tu ? s'écria son ami stupéfait.

— Je renonce à mes beaux rêves, continua le jeune homme avec emportement ; n'est-ce pas pour ma mère que je travaillais, que j'espérais acquérir la gloire ? Tout est fini pour moi ; sa voix seule pourrait influencer ma résolution, et cette voix, je ne l'entendrai pas ! Tiens ! poursuivit-il en saisissant des albums et en éparpillant dédaigneusement leur contenu aux pieds de Julienne, brûle ces travaux ! ces travaux désormais inutiles ! qu'ils soient anéantis comme mon bonheur d'autrefois ! »

Une voix douce et ferme se fit soudain entendre... Germain et Friquet se regardèrent avec stupeur. Julienne avait pris la parole :

« Ces dessins, disait-elle, de qui sont-ils ? »

Il y eut un silence ; la fermière renouvela sa question.

« De moi, ma mère ! murmura enfin le jeune homme, d'une voix défaillante.

— Et tu voulais les brûler ! reprit Julienne

avec lenteur, en passant les mains sur son front, comme pour rassembler ses idées. »

Germain baissa la tête ; l'émotion, l'espérance revenue, la crainte, tout l'anéantissait ; il ne se sentait plus d'énergie et se prit à pleurer comme un petit enfant.

Julienne tressaillit en sentant des larmes chaudes inonder son front ; elle se leva, mit ses mains sur les épaules de son enfant et le regarda longuement. Friquet retenait sa respiration ; il contemplait cette scène les mains jointes, tout saisi de ce qui se passait.

« Mon Dieu ! Je veux pouvoir reprendre ma tâche maternelle, dit tout à coup Julienne.... *Je veux, oui, je veux* redevenir l'inspiratrice de mon enfant.... Qu'a-t-il dit tout à l'heure, le malheureux ? Plus de carrière, plus d'avenir ?... Oh ! ce serait affreux.... Dieu ! ma tête brûle ! A mon secours, Vierge sainte ! Mère de douleurs, faites-moi souffrir, mais rendez-moi la raison pour mon pauvre enfant ! »

En disant ces mots, elle joignit les mains et les éleva vers le ciel, en regardant l'azur profond avec une expression sublime.

« Reste ainsi ! Ah ! reste encore ainsi, ma mère ! balbutia Germain en la contemplant avec extase. Ta voix a vaincu ma lâcheté. Quoi qu'il

Friquet contemplait cette scène les mains jointes.

arrive, ô ma mère, ton fils sera artiste, je le jure par mon amour pour toi! »

En entendant ces paroles, Julienne éclata en sanglots et se laissa tomber dans les bras du jeune homme éperdu.

Il la soutenait avec amour, tout en couvrant de baisers son front pâli et ses mains tremblantes, tandis que, sur un signe suppliant de Julienne, Friquet, qui riait et pleurait à la fois, rassemblait les dessins et les remettait à la pauvre mère. Puis, aidée par Germain, Julienne s'assit et regarda longuement les travaux de son enfant; elle semblait revivre dans cette contemplation ardente. « C'est beau! murmurait-elle; tu arriveras à la gloire.... »

Épuisée par ces émotions, elle dut s'étendre sur un lit et s'y reposer, mais elle n'y consentit qu'après avoir serré elle-même précieusement les albums de son fils.

A partir de ce jour, la guérison de Julienne fut rapide : la force de son amour maternel avait compris l'immensité des souffrances de son enfant, et, Dieu aidant, elle revint à la raison. Le docteur était surpris et radieux de cette cure merveilleuse.

« Pour le cœur d'une mère, dit-il un jour en confidence à Germain, rien n'est impossible.

— Je le vois, je ne l'oublierai jamais! répondit Germain, avec un accent profond. Dans ma vie déjà si pleine de malheurs, j'ai désormais, pour me consoler et me ravir, l'image d'une beauté suprême : celle de ma mère, les yeux au ciel et implorant la Vierge pour tarir mes larmes !... »

CHAPITRE XV

Les parias

C'était avec une douleur immense que Germain avait procédé aux modestes obsèques de Robert. Il avait convié à l'enterrement les gens du village ; mais, à son étonnement plein de chagrin, il s'était vu seul, avec le docteur, Porphyre et Friquet.

Simplette avait voulu aller à l'église pour cette triste cérémonie, mais elle avait été retenue par Grimbart, à la grande rage de Friquet, qui trouva moyen le lendemain soir de lui dire son fait et de le traiter comme Grimbart le méritait.

Robert avait, par un pressentiment vite justifié, vendu le Vallon-Vert, et le docteur, à qui la somme représentant cette propriété avait été remise par Hardy, devait se charger de faire en son nom les restitutions intégrales. Germain put donc, grâce à M. Bonnel, faire indemniser complètement ceux qui avaient été victimes des malhonnêtetés du maquignon. Julienne, mise au courant de tout, et consultée à ce sujet, avait été la première à vouloir se sacrifier pour exécuter les volontés de son mari.

Porphyre refusa d'abord carrément les deux mille francs que lui offrait le docteur; il n'accepta pas l'argent, mais demanda et obtint de garder la maison et le jardin du Vallon-Vert, qui représentaient cette somme; puis il alla triomphalement déclarer à Julienne qu'elle était chez elle comme par le passé, et que si elle s'en allait de là, lui, Porphyre, quitterait le pays en donnant son bien au premier venu.

« Je n'ai pas de famille, ajouta-t-il tout ému; vouj êtes les cheuls que j'aime au monde : laichez-moi me conchacrer à vous et à Germain, car je l'aime comme chi ch'était mon enfant. »

Julienne avait refusé d'abord, mais elle s'était laissé fléchir par le chagrin violent que Porphyre avait laissé éclater, et elle céda.

« Je reste! fit-elle en lui tendant la main; je vous regarde désormais comme un protecteur et un frère que Dieu m'envoie. Ne nous quittons pas et dévouons-nous à Germain, que nous aimons tous les deux. »

Absorbé par des affaires de tout genre, Germain n'avait accordé que peu d'attention aux marques d'hostilité générale que l'on témoignait dans le village à sa mère et à lui. Friquet était trop redouté pour que l'on ne se contraignît pas à ce sujet, mais un voyage de Julienne à A.... pour solder le restant de la pension de Germain et le recommander au directeur fit éclater l'aversion méprisante des gens du pays.

En route, la pauvre femme, voyageant avec quelques voisins, se vit repoussée avec une affectation insultante; elle ne comprit pas d'abord pourquoi, et essaya ingénument de se renseigner près d'eux sur diverses choses; un silence profond, ou des ricanements, tel fut le résultat de ses interrogations.

Elle comprit enfin cette hostilité et elle évita dès lors de parler à qui que ce fût. Impressionnée douloureusement par ces mauvais procédés, elle arriva en tremblant au collège....; là elle eut le chagrin de se voir refusée lorsqu'elle demanda à voir le directeur.

Elle se dit qu'on ne la recevait pas, par suite de quelques fâcheux rapports, peut-être. Elle régla donc très-tristement avec l'économe le compte de son fils, et revint, désolée, monter en voiture pour retourner au village.

Il était nuit close quand elle arriva; il lui fallait faire une demi-lieue pour se rendre au Vallon-Vert. Elle se mit en route, ayant hâte de se consoler près de son fils, lorsque trois enfants vinrent à passer près d'elle. La pauvre femme, reconnue par eux, eut alors à subir mille railleries sanglantes, malgré ses efforts pour fuir ses persécuteurs.

« Ah! criait l'un, v'là la Macaire; elle va faire des tournées comme son homme.

— Oui, répliquait l'autre, bon chien chasse de race; on n'a qu'à suivre la méthode de Robert.

— Parbleu! reprenait le troisième, il s'y entendait, pour soulager les autres de leur argent.

— A-t-il eu d' la chance, d' mourir dans son lit! reprenait le premier.

—Ah! dame! il y a un Dieu pour les ivrognes.... et les filous!... ajoutait la voix aigre du second. »

Pleurante, éperdue, Julienne essayait en vain de fuir; les méchants enfants, lestes et sur le qui-vive, n'abandonnaient pas leur victime. Ils l'entouraient en redoublant leurs insultes; le nom de Germain était accolé par eux à celui des hommes les plus tarés; on lui prédisait un honteux avenir et l'on redisait son nom en y joignant, avec des rires sans fin, le surnom honteux donné à Robert. Ce dernier outrage fut le comble.... Voulant échapper à tout prix à ses bourreaux, la malheureuse femme s'élança dans un taillis voisin, et courut tout égarée, à travers bois et buissons ; tout à coup elle tomba en poussant un cri plaintif : son pied gauche s'était enfoncé dans une ornière profonde et une douleur atroce la faisait défaillir....

Pendant ce temps, Germain était allé au-devant de sa mère par le chemin le plus court, car il avait été convenu que Julienne reviendrait par là ; la pauvre femme l'avait oublié, dans son anxieuse préoccupation.

Inquiet de ne pas la voir, le jeune homme doubla le pas et arriva chez le voiturier. Celui-ci lui dit avoir ramené Julienne et l'avoir vue prendre le chemin des grands bois. Germain s'y rendit.... Personne ! Sauf quelques pas furtifs, quelques chuchotements, le jeune homme n'entendit rien !

En proie à une affreuse inquiétude, il revint sur ses pas, appelant sa mère à grands cris : un faible gémissement le guida vers un taillis... Julienne était là, gisante et sans voix!

Immobile, défaite, les yeux creusés par la souffrance, la pauvre femme étendit les mains pour empêcher son fils de la relever.

« Dieu ! ma mère, qu'avez-vous donc ? dit Germain avec angoisse.

— J'ai le pied cassé et le côté abîmé, répondit la pauvre mère avec effort. Ne me touche pas, mon enfant, tout mouvement est une torture. »

Germain joignit les mains avec désespoir. Que devenir, pauvre mère ? s'écria-t-il. Comment vous rapporter à la maison ? Mais pourquoi êtes-vous entrée dans ce taillis, mon Dieu ! vous qui connaissez si bien les environs ?...

« Demande à Porphyre de t'aider à me glisser sur un brancard, reprit Julienne, évitant de répondre à la dernière question de son fils. Sur un matelas, je pourrai, je pense, être ramenée au Vallon-Vert. »

Germain courut à perdre haleine chercher l'Auvergnat et il ne tarda pas à revenir avec ce dernier, rapportant ce qu'avait demandé Julienne.

Ce fut avec des peines infinies que l'on hissa la pauvre femme sur le brancard : elle souffrait horriblement, mais, de peur d'effrayer son fils, elle étouffait ses plaintes et cachait ses douleurs avec un héroïsme surhumain.

On revint lentement au Vallon-Vert, et là Julienne éloigna Germain sous un prétexte et appela Porphyre.

« Mon ami, lui dit-elle, passe chez le docteur de bon matin et préviens M. le curé de venir me voir le plus tôt possible ; je ne serai tranquille qu'après l'avoir vu. Quant à toi, console et soutiens Germain, car on ne sait ce qui peut arriver. »

Porphyre inclina la tête et sortit en silence : son cœur était trop plein pour qu'il pût parler.

Dès que le docteur arriva, la bonne Julienne l'accueillit avec un sourire reconnaissant.

« J'ai à vous parler, à vous seul, docteur, » dit-elle tout bas à cause de Germain.

Le docteur fit un signe de tête et se mit à interroger la malade sur ce qui était arrivé.

Les réponses de Julienne étaient pleines de réticences, tout d'abord, mais en voyant l'agitation de Germain et l'étonnement de M. Bonnel :

« Tenez, dit-elle, pardonnez-moi d'avoir voulu garder le secret sur ce qui s'est passé ; je vais tout vous dire. »

Au récit de ce qu'elle avait enduré, Germain bondit de colère ; le docteur était indigné.

« Leurs noms ? dit le jeune homme, en serrant les poings ; quels sont leurs noms, mère, afin que je.... »

Un geste menaçant acheva sa pensée.

« Jésus les nommerait-il ? répondit lentement Julienne.

— Ah ! noble cœur ! s'écria le médecin. Imite-la, Germain ! pardonne et oublie !

— Pardonner une telle infamie !..., reprit le jeune homme, dont les yeux étincelaient.

148   LE FILS DU MAQUIGNON.

— Subir cette expiation, dit Julienne avec douceur ; souffrons cela pour Robert, Germain, je t'en prie. »

Il hésitait.... elle le vit et ajouta avec autorité :

« Je le veux ! »

Son fils baissa la tête.

« J'obéirai ! » murmura-t-il.

Le docteur lui serra fortement la main : le jeune homme resta immobile, puis tout à coup il s'élança hors de la maison, tomba sur un banc et fondit en larmes.

Restés seuls, le docteur et Julienne se regardèrent.

« Cher enfant ! dit la pauvre mère, il faut le préparer à me voir partir.... bientôt.... docteur.... Je me sens très-mal.... Tenez.... regardez cela, » et elle lui montra une plaie horrible, béante.... qui fit pousser une exclamation à M. Bonnel.

Un tronc d'arbre cassé se trouvait près de l'ornière dans laquelle s'était pris le pied de Julienne et elle était tombée de toute sa hauteur sur ces débris aigus, qui l'avaient atrocement blessée.

« Oui, je le sais, je suis perdue, continua-t-elle, pendant que le docteur sondait ses plaies et essayait de porter remède au mal. Hélas ! j'irais rejoindre Robert avec joie, si j'étais seule ; mais Germain, que fera-t-il, accablé qu'il est par le mépris et la haine de tous ?

— Reposez-vous sur moi, s'écria le docteur avec énergie; je vous promets, brave et noble femme, de le traiter comme mon enfant, de veiller sur lui et de lui faire rendre justice, à lui, à Robert et à vous!...

— Merci! dit la pauvre mère; maintenant je pourrai mourir tranquille. »

Le médecin la quitta en voyant entrer le curé. Julienne le mit au courant de son état et demanda les sacrements, qu'elle reçut avec une piété admirable.

Pendant huit jours, elle édifia ceux qui l'entouraient et qui n'osaient pleurer, tant elle paraissait heureuse de mourir.

Elle insista près de son fils pour qu'il rendît toujours le bien pour le mal. « C'est le précepte de l'Évangile, lui dit-elle avec autorité; que ce soit le tien! » Germain le promit, le cœur brisé...

Ce fut par un beau soir que s'éteignit l'excellente femme. Son dernier soupir s'exhala sur le crucifix qu'elle tenait embrassé et qui devint dès lors la relique la plus chère de son pauvre enfant

CHAPITRE XVI

Le bien pour le mal

Le modeste enterrement de Julienne se fit au milieu de la même solitude qui avait attristé le convoi de Robert : personne, hormis le docteur, Porphyre et Friquet....; celui-ci rageait, Porphyre marronnait, le docteur seul était calme.

« Patience! leur dit-il un jour; attendez à la Saint-Blaise. »

C'était la fête du village.... Que signifiaient ces paroles? Friquet et Porphyre se le demandaient en se regardant tout surpris, mais ils ne purent rien dire à ce sujet, car Germain arrivait en ce moment près d'eux. Quoique accablé de douleur, le jeune homme se remit au dur travail des champs. Tout en s'occupant, il songeait parfois à sa carrière maintenant brisée et un soupir gonflait sa poitrine. Porphyre attendait en vain une réponse, alors. Triste et absorbé, il n'entendait que la voix intérieure de son génie, lui parlant de nobles labeurs et de gloire future; il ne revenait à lui que tardivement, une larme dans les yeux et un frémissement dans la voix ; pendant ce temps, le bon Auvergnat l'observait en silence et secouait la tête d'un air profond.

La Saint-Blaise arriva. Assez intrigués des paroles du docteur, Friquet et Porphyre avaient obtenu de Germain la promesse d'aller, non à la fête, ce qui aurait répugné à sa douleur, mais à la grand'messe, au lieu d'aller à la messe basse du village à côté.

Il y avait ce jour-là une procession renommée pour sa magnificence, et l'on devait y honorer une bannière nouvelle : la bannière du Sacré-Cœur.

En arrivant à l'église, le cœur de Germain se serra et le sang lui monta au visage en voyant tout le monde s'écarter et le laisser seul. Porphyre et Friquet s'empressèrent de le rejoindre : l'un bourrait la foule, l'autre pinçait vigoureusement tout ce qui se trouvait à sa portée.

L'office commença. Le curé paraissait tout triste, car il avait voulu faire chanter Germain et les chantres avaient refusé tout net de l'admettre parmi eux.

Le pauvre jeune homme subit en silence cette nouvelle humiliation. Le triste regard du bon curé le consola et lui rappela le regard mourant de sa pauvre mère; il eut peine à retenir un soupir profond et une pensée généreuse fit battre soudain son noble cœur; il se vengerait...., oui, il se vengerait en digne fils de Julienne, de cette femme admirable dont le souvenir sacré l'inspirerait!

La procession s'organisa fort bien; en tête étaient des jeunes filles vêtues de blanc, portant, l'une la bannière de la Très-Sainte Vierge, l'autre la belle bannière en velours rouge du Sacré-Cœur. On était déjà sur la grande route, et l'on chantait avec élan, lorsque soudain un cri terrible s'échappa de toutes les bouches.

Un taureau énorme, renommé pour sa méchanceté, avait brisé la clôture d'un herbage à côté, et l'œil en feu, creusant la terre avec ses pieds, il allait s'élancer sur les jeunes filles dont la bannière éclatante excitait sa rage; mais, prompt comme l'éclair, un homme s'est élancé : c'est Germain!...

Adroit et résolu, il jette sa blouse sur la tête du taureau et l'aveugle pour quelques instants; l'animal se débarrasse furieusement de l'étoffe et tourne sa rage contre Germain... Celui-ci veut se jeter de côté, il est trop tard ! le taureau enfonce ses cornes dans la poitrine du courageux jeune homme au milieu de l'épouvante générale et d'un tumulte horrible.

Porphyre, hors de lui, était accouru et avait arraché à l'animal Germain sanglant et évanoui, tandis que Friquet, aidé de quelques hommes, s'était muni de cordes et les jetait dans les jambes du taureau, de façon à l'enlacer et à le faire tomber. Malgré ses mugissements et ses efforts, la bête sauvage était vaincue !

Mais à quel prix, hélas ?

Tandis que le bon curé, tout défaillant, rentrait à l'église et y célébrait à grand'peine le saint sacrifice, on avait transporté Germain au presbytère, qui était tout proche là, et le docteur le pansait au milieu de l'anxiété générale. Il y eut un profond silence tandis qu'il examinait les blessures du jeune homme ; enfin, il se releva et dit brièvement :

« Il en reviendra ! »

Il y eut un soupir de joie dans l'assemblée.

Le docteur se retourna vivement.

« Vous en êtes probablement fâchés, hein, sans-cœurs, n'est-ce pas ? fit-il avec rudesse.

— Oh ! m'sieu l' docteur ! protesta le père Grinbart.

Le taureau furieux enfonce ses cornes dans la poitrine du courageux jeune homme.

— Si on peut dire.... gémit la mère Gaudry.

— Silence, tous! dit le docteur durement. Je suis le maître ici, et le premier qui insulterait ce brave enfant, je le.... »

Il fit un geste énergique, puis ajouta avec la même rudesse :

« Je donne rendez-vous à quatre heures sur la place à ceux qui veulent apprendre quelque chose d'important pour l'honneur du pays. Celui qui n'y sera pas aura affaire à moi. Maintenant, allez-vous-en ! »

Les paysans sortirent en silence, la tête basse : ils se sentaient coupables et se demandaient ce que leur apprendrait le docteur.

Par sa bonté extrême, son infatigable charité, le médecin avait dans le pays une incontestable autorité: personne à plusieurs lieues à la ronde n'eût voulu déplaire à celui qui les soignait jour et nuit, à celui qui refusait carrément l'argent des pauvres.

Aussi le village tout entier fut-il bientôt en émoi. C'est en vain que les marchands ambulants sollicitaient l'attention des passants ; personne n'achetait rien, les estaminets étaient vides et chacun se disait avec inquiétude. « Que va faire le docteur? que va-t-il nous dire?

A quatre heures, la place publique était comble, chacun se poussait pour arriver plus vite au rendez-vous, et il y eut un frémissement dans l'assemblée lorsqu'on vit paraître M. Bonnel. Il était accompagné du curé, avec lequel il s'entretenait d'une façon très-animée. Il alla vers les paysans, qui s'écartèrent pour lui faire place, s'arrêta au milieu d'eux et leur dit sévèrement :

« Messieurs... ah! il y a un murmure.... c'est vrai : en général je dis ou plutôt je disais : mes amis.... mes chers amis, même ; mais pour être amis, il faut s'aimer réciproquement, et je ne suis plus votre ami à présent! Silence donc et laissez-moi vous en dire la raison : si j'ai tort vous me le prouverez et je reconnaîtrai tout haut ma faute.... c'est raisonnable cela, oui, je le crois, n'est-ce pas? Bien, je continue.

« Messieurs, un homme de ce pays, après une vie des plus honorables, a eu le malheur, la faiblesse de faire des affaires malhonnêtes. A la suite d'une vente publique, il a tenté de gagner de l'argent par des moyens déplorables. Sa pauvre femme en est devenue folle de chagrin. Son fils.... eh bien! ma foi! il est peut-être encore plus fou qu'elle ne l'a été, elle.... Ne vous étonnez pas, messieurs! Oui, certes, il faut être fou pour aller se faire tuer pour des gens qui ont évité de venir honorer deux cercueils qui le méritaient bien cependant! Le premier était celui d'un homme égaré, plein d'un profond repentir, et ne croyez pas que ce fût un sentiment stérile. Il a vendu tout son bien afin de réparer ses torts, cet homme dont vous vous êtes détournés si obstinément; je le sais bien peut-être, puisque j'ai été chargé par lui de cette belle tâche! J'ai là, dans mon portefeuille, les reçus et les remerciements pleins d'éloges de ceux qui ont été entièrement remboursés au nom de celui que je m'honore d'appeler mon ami! »

Un silence de stupéfaction régnait autour du docteur.

« Et le second cercueil, reprit le médecin avec élan.... vous auriez dû l'entourer de respects attendris, d'enthousiasme et d'affection. Que dirai-je de cette femme si dévouée aux siens, si aimante, si malheureuse! torturée par la douleur jusqu'à en devenir folle! ne revenant à la raison que pour perdre le mari qu'elle aime et tuée par la méchanceté infernale de trois enfants, trois misérables que sa bonté généreuse n'a jamais voulu désigner!... »

Une sourde rumeur s'éleva.

« Il ne reste plus de cette pauvre famille que cet enfant si cruellement blessé pour vous sauver tous, continua le docteur; dont la voix s'altéra. Repoussé par vous ce matin, il s'est dévoué malgré tout pour ses ennemis : n'ai-je donc pas raison de dire qu'il est fou! de cette sublime folie de la croix, qui fait mourir les innocents pour les coupables! »

Des sanglots éclatèrent dans la foule.

« Mais je vous ai appelés pour vous dire ceci, acheva le médecin d'un ton solennel : j'ai promis à la mère mourante de Germain Hardy de veiller sur cet orphelin et de le protéger de tout mon pouvoir; je tiendrai ma parole! Si vos mauvais traitements continuent et le chassent du pays, je m'en irai aussi, morbleu! dussé-je m'expatrier jusque chez les sauvages et voir s'ils sont aussi méchants, aussi cruels, aussi intraitables que... »

Mais il lui fut impossible d'achever. Un immense cri s'était élevé de tous côtés et il y eut une confusion indescriptible. Les uns s'élançaient vers le docteur et lui faisaient mille protestations de regrets et de dévouement. Les autres s'exclamaient sur la beauté de la conduite tenue par Robert repentant, et se désolaient de ne l'avoir pas su plus tôt. Certaines gens se récrièrent sur la triste fin de Julienne. Tous parlaient avec enthousiasme du dévouement de Germain. Au milieu de ce tumulte, le docteur, pressé par les uns, tiraillé par les autres, ne savait auquel entendre, lorsque trois enfants fendirent la foule et s'élancèrent au-devant du médecin. Leur désespoir était tel que chacun se tut, afin de savoir ce que cela signifiait. Ils dirent en sanglotant que c'étaient eux qui avaient si cruellement tourmenté la pauvre Julienne. En l'entendant pousser un cri, la peur les avait pris et ils s'étaient sauvés, sans se douter du mal dont ils étaient la cause.

La foule allait leur faire un mauvais parti, quand le curé prit la parole et exigea pour eux indulgence et pardon. Il loua leur démarche spontanée et rappela que la générosité de Julienne devait servir de modèle à tous. Chacun comprit les raisons du bon prêtre, et celui-ci retourna au presbytère, accompagné du docteur. M. Bonnel ne put partir toutefois sans avoir dissipé l'inquiétude générale au sujet de son départ et avoir promis qu'il resterait au pays, à la condition.... Des centaines de voix s'exclamant lui firent voir que le sentiment général serait désormais favorable à son cher protégé.

CHAPITRE XVII

L'oubli

La convalescence de Germain fut longue, à cause de sa faiblesse extrême; entouré de soins affectueux, il revenait à la vie, ne se doutant pas de ce qui s'était passé, car le docteur ne voulait pas d'émotions pouvant agiter le blessé et entraver la convalescence.

Peu à peu cependant sa santé se raffermit; il put se lever et se promener dans le jardin du presbytère, appuyé sur le bras de Porphyre ou sur celui de Friquet. Ce dernier babillait d'autant plus qu'il était interdit à Germain de beaucoup parler.

Dès qu'il fut en état de s'informer de ce

qui se passait, le jeune homme pria son ami de lui dire si le docteur avait pu achever de faire les restitutions qui absorbaient le bien des Hardy : il n'osait en parler à M. Bonnel et brûlait d'envie de savoir ce qu'il en était.

« Oui, dit Friquet, il y a eu huit mille francs de donnés ; le docteur a les reçus, et ceux qui ont été indemnisés étaient joliment contents, va !... Ils ont écrit des choses superbes au docteur à propos de ton père : tu verras ! Seulement, le général de Ryon n'a pas encore reçu ses quinze cent cinquante francs, lui. »

En disant cela, Friquet s'était baissé pour cueillir du réséda, car ils causaient ainsi dans le jardin : aussi ne remarqua-t-il pas la pâleur subite de son ami ?

« Tu sais, continua-t-il, l'affaire du cheval boiteux.

— Ah ! dit Germain, feignant de se rappeler.... est-ce un cheval vendu par ton père ?

— Mais non, dit Friquet, trompé par ces paroles ; c'est l'affaire de N*** ; un paysan a pris cette bête et l'a menée à l'officier qui voulait l'acheter pour lui-même. L'animal était boiteux et avait été peint en noir ; il y a eu un gain de plus de mille francs là-dessus. Il paraît que le général a été obligé de le faire abattre, car sa boiterie était inguérissable et rendait tout service impossible.

— Bien, je sais... dit Germain, se soutenant à peine : nous en parlerons une autre fois; maintenant je vais aller me reposer un peu.

— Tu t'es trop fatigué ce soir, dit Friquet, qui se retourna vivement et courut prendre le bras de son ami. Oh! j'ai eu tort de te faire marcher deux fois.

— Non, dit Germain essayant de sourire, mais j'ai besoin d'être seul; cela me remettra, sois tranquille. »

A peine chez lui, le convalescent s'enferma à clef, prit un papier dans son portefeuille et l'examina fiévreusement.

« C'est bien ce que je craignais, se dit-il avec saisissement; cette dette n'est pas mentionnée et tout l'argent de notre bien est employé à d'autres restitutions! Que faire? Je ne veux pas le faire savoir au docteur; il voudrait m'aider et ce serait faire tort à sa famille et à ses pauvres. Friquet serait affligé sans pouvoir rien faire, et Porphyre doit l'ignorer, sans cela il voudrait me sacrifier son petit avoir. Non, je dois agir seul. Agir.... et comment? je n'ai plus rien; je vais vivre de ce que je gagnerai, à présent. Combien de temps mettrai-je pour parvenir à réunir cette somme, immense pour ma pauvreté! Ah! cette dernière épreuve m'écrase.... Je succombe sous cette croix nouvelle.... à qui demander secours, hélas?...

En se parlant ainsi, le pauvre affligé allait et venait avec agitation. Soudain ses regards tombèrent sur le crucifix de sa mère ; il tressaillit et le regarda longuement. A travers ses yeux voilés de larmes, la divine image lui semblait vivre et souffrir encore.

« Oui, murmura-t-il en mettant pieusement le genou en terre devant le Dieu des affligés, c'est vous, Seigneur, qui êtes mon meilleur ami.... et je vous oubliais ! Conseillez-moi, je vous en conjure, afin que je puisse sauver l'honneur de mon pauvre père. »

Il resta longtemps ainsi la tête inclinée, immobile et perdu dans ses pensées... Il joignit les mains tout à coup en poussant une exclamation de bonheur.

« Merci, merci mon Dieu ! s'écria-t-il ; vous m'inspirez un moyen de salut : soyez-en béni ! »

A partir de ce jour, la convalescence de Germain marcha rapidement : il semblait avoir hâte de se rétablir et surprit beaucoup le docteur, que Robert avait désigné comme le tuteur de son fils, en sollicitant de lui la permission de se faire émanciper le jour de ses dix-huit ans, qui était tout proche ; il donna comme prétexte la possibilité de s'associer avec un fermier et de faire cette affaire, qui était avantageuse, sans obliger le docteur à se déranger de ses occupations. Il ne sembla tranquille qu'après l'accomplissement de cette formalité. Le docteur avait une grande confiance dans la prudence et dans les moyens de son pupille; il avait donc consenti à la demande de Germain et s'attendait à le voir terminer l'acte d'association, dont il avait du reste eu l'idée première, lorsqu'il reçut un beau matin un billet qui l'étonna.

« Conçoit-on un enfant pareil? s'écria-t-il en s'adressant à sa femme, qui achevait de déjeuner avec lui, lorsque cette lettre lui parvint. Écoutez, ma chère, ce qu'il m'écrit.

— Qui, *il*? demanda madame Bonnel, qui était le pendant et l'émule de son mari, comme bonté et charité active.

— Mais Germain! répliqua le médecin en se levant avec vivacité, c'est tout simplement de lui qu'il s'agit : de mon pupille, de mon protégé, parbleu! Qu'est-ce qui lui prend? je vous le demande! »

Et il lut tout haut la lettre suivante :

« Mon bon docteur, cher et respectable tuteur, ne vous inquiétez pas d'une absence que je suis obligé de faire. (C'est bien aisé à dire.... ne vous inquiétez pas! je vais peut-être en danser de joie, n'est-ce pas?) Je vais conclure une affaire importante, concernant mon père. Je n'aurai l'esprit tranquille qu'après l'avoir terminée et je reviendrai prochainement (qu'appelle-t-il prochainement?) vous rendre compte de ce qu'il était de mon devoir de faire. (Il fallait m'en rendre compte tout de suite, morbleu!)

« Votre dévoué et reconnaissant pupille,

« Germain Hardy. »

Après avoir terminé cette lecture, le docteur plia soigneusement la lettre, la fourra brusquement dans sa poche et arpenta la chambre, ce qui dénotait chez lui une profonde préoccupation.

« Et qu'allez-vous faire, mon ami? » demanda madame Bonnel, aussi étonnée que son mari, car elle connaissait et aimait le jeune homme.

Le docteur réfléchit.

« Si vous alliez interroger Porphyre et Friquet, » continua doucement l'excellente femme, peut-être vous renseigneraient-ils quelque peu.

— C'est une idée, dit M. Bonnel dont le front s'éclaircit. Merci de votre conseil, ma chère, j'y cours. Diable de gamin! pourquoi est-il si mystérieux avec moi? C'est par fierté, je parie.... »

Mais Porphyre était aussi tourmenté que le docteur. Interrogé par ce dernier, il ne put le renseigner en rien, car Germain était parti à son insu, emportant seulement sa petite valise. Fri quet n'était pas moins effaré. Son ami avait gardé vis-à-vis de lui un silence complet sur ce voyage, quoique aussi affectueux avec Friquet que par le passé. Tout à coup le pauvre Fridoux se frappa le front.

« Ah ! c'est peut-être pour l'affaire du cheval au général qu'il est parti, s'écria-t-il ; était-il remboursé, celui-là ? »

Le docteur le regarda d'un air abasourdi.

« Quel cheval ? quel général ? quelle affaire ? » demanda-t-il enfin, tandis que Porphyre écarquillait les yeux.

Friquet les mit en peu de mots au courant.

« Sapristi ! s'écria M. Bonnel, mais j'ignorais complètement cela : Robert m'avait donné la liste de ceux qu'il fallait dédommager ; le nom de ce militaire n'y était pas, cette dette a été oubliée ! Eh mais !... justement je le connais, le général : et on lui devait ?

— Quinze cent cinquante francs, répondit Friquet.

— Nous voilà bien ! dit le médecin avec consternation ; il ne reste plus un sou de la propriété vendue : tout a passé dans les autres dettes ! Je suis un peu.... hum ! très-gêné même ; pourtant je vais tâcher.... »

Porphyre l'arrêta par un geste expressif.

« Et ma maijon ? vous l'oubliez donc ? » dit-il

avec la lenteur tranquille qui lui était habituelle.

Le docteur lui saisit la main et la lui serra fortement.

« Brave homme! dit-il avec énergie, vous sacrifieriez....

— J'aurais voulu employer autrement chet argent pour Germain, reprit Porphyre; mais que che choit pour cha carrière ou pour chon honneur, ch'est toujours pour lui, n'est che pas? »

Friquet n'était pas moins content que M. Bonnel de la généreuse amitié de Porphyre, mais néanmoins une idée fixe le préoccupait.

« Comment faire savoir à Germain qu'il a l'argent suffisant pour payer ce monsieur? » dit-il au docteur.

Ce dernier sourit.

« Ne vous ai-je pas dit que je connaissais fort bien le général? répondit-il. Je vais m'entendre facilement avec lui à ce sujet : j'ai un plan et je compte étonner mon sournois de pupille. Mais comment diable a-t-il pu s'arranger, Germain? Il n'a pas d'argent! que compte-t-il faire? »

Tout en se creusant la tête pour deviner les intentions du jeune homme, le docteur s'en alla à ses occupations habituelles, tandis que Porphyre et Friquet s'occupaient des meilleurs moyens à prendre pour vendre avantageusement le Vallon-Vert. Friquet avait exigé et obtenu du bon Auvergnat la promesse de venir habiter avec Germain sa maisonnette et il sautait de joie à l'idée d'héberger son ami.

CHAPITRE XVIII

Pour arriver au but

Il était encore nuit quand Germain quitta furtivement le Vallon-Vert, où il s'était réinstallé depuis quelques jours. Sa valise à la main, le cœur ému, le pas agile et l'oreille au guet, il s'éloigna, non sans regarder d'un œil attendri la maison qu'il habitait, qui l'avait vu tour à tour joyeux et triste, la maison où ses parents avait rendu le dernier soupir!

Il s'éloigna comme à regret, puis il se dirigea résolument vers une station de chemin de fer qui se trouvait à quelque distance et prit un billet pour aller au chef-lieu du département.

Arrivé là, il s'informa du bureau de recrutement militaire et y alla; il y prit alors les renseignements nécessaires pour s'engager comme remplaçant, s'informa anxieusement du prix de remplacement et pâlit en apprenant qu'il n'était que de quinze cents francs.

Il avait espéré une somme un peu plus considérable et se trouvait obligé d'ajouter cinquante francs à la somme pour rembourser intégralement le général. Il n'avait que quatre-vingts francs sur lui, prix de la vente de sa montre et de sa chaîne, derniers débris de son aisance passée. Il se logea dans une misérable auberge et y vécut pauvrement jusqu'au jour où les formalités furent terminées. En allant toucher l'argent de son engagement, il se heurta dans la rue contre un officier supérieur qui le regarda et qui poussa une exclamation de surprise et de colère.

« Ah! filou, s'écria cet officier, je te retrouve donc enfin! »

Germain, d'abord étonné, pâlit soudainement.

« C'est au général de Ryon que j'ai l'honneur de parler? dit-il d'une voix frémissante.

— Tu me reconnais donc? reprit le général avec colère; tu vas me suivre, ou sinon....

— Votre mémoire vous fait défaut, général, reprit le jeune homme avec émotion : c'est mon père, hélas! qui a été connu par vous.

— Ah! oui, ce doit être, en effet, dit le général, qui se calma, tout en examinant Germain : il y a quelque temps que s'est passé ce marché entre lui et moi. Vous paraissez fort jeune, vous ; j'avais affaire à un homme qui a maintenant....

— Il est mort! reprit Germain d'une voix étouffée.

— C'est différent, alors, reprit le général en se radoucissant tout à fait : vous paraissez honnête, vous, et je ne vous en veux pas. Bonsoir. »

Avant que Germain eût pu essuyer ses yeux obscurcis par les larmes, le général avait disparu.

Le jeune homme regretta amèrement de ne l'avoir pas prié de l'accompagner ; il lui aurait remis tout de suite, en effet, l'argent qu'il allait toucher et il aurait pu s'en aller au Vallon-Vert pour rendre compte au docteur et à ses amis de ce qu'il avait fait, tandis que, s'il devait aller plus loin rembourser le général, comment pourrait-il retourner au logis?

Il se rassura en se disant que le général demeurait dans la ville, puisqu'il venait de l'y rencontrer et il se hâta d'aller toucher son argent. Tout en serrant avec soin ce qu'il venait de recevoir, il s'informa du logis de M. de Ryon. On lui indiqua un hôtel, et il s'y rendit en sortant du bureau ; il avait hâte de remettre au général cet argent si chèrement acquis et de lui dire : « J'acquitte la dernière dette qui entachait la mémoire de mon père, général, honorez son souvenir.... »

Il demeura atterré en arrivant au logis qu'on lui avait indiqué : le général venait de repartir en voiture pour sa campagne, à quinze lieues de là !

Lorsqu'il revint de sa stupeur, il demanda comment on pouvait aller à l'habitation dont on lui donnait le nom. Pour se rendre au château de Beau-Désert, il fallait aller à pied ou louer une voiture, ce qui coûtait fort cher ! Louer une voiture !... pauvre Germain ! il lui restait à peine quelques francs en poche ; il retourna à l'auberge et frémit quand on lui réclama sa dépense. Sa note se montait à 24 fr. 90 cent., et il en avait 25 de disponibles.

Il y avait bien les quinze cent cinquante francs destinés au général, mais il aurait mieux aimé mourir que de toucher à cet argent, représentant pour lui l'honneur de son père. Il fit donc appel à tout son courage, et se mit en route pour Beau-Désert, avec deux sous pour subvenir à ses besoins....

Hélas ! comment revenir ? Il se confiait à la Providence pour cela. Ne pourrait-il pas d'ailleurs trouver de l'ouvrage sur sa route et voyager ainsi en travaillant çà et là ?

Mais la route était dure, le chemin sauvage et triste, et les espérances du brave garçon s'amoindrissaient au fur et à mesure qu'il allait.... Son pas, d'abord rapide et hâté, s'était alourdi peu à peu : il marchait la tête basse, serrant sur son cœur le crucifix de Julienne, son cher trésor, et se disant en lui-même : C'est ma dernière épreuve!... allons, du courage !

CHAPITRE XIX

Misère

C'est une rude tâche que de faire à pied quinze lieues d'une seule traite. Germain, déjà fatigué, avait trop présumé de ses forces ; il s'informa vers le soir, dans une chaumière, de la distance qui le séparait de Beau-Désert et il se troubla en apprenant qu'il en était encore à sept lieues. La faim le tourmentait : il avait si peu et si mal mangé le matin ! A dix-huit ans, la nourriture est un besoin impérieux ; Germain le sentait bien et il se résolut à dépenser sa pièce de deux sous pour acheter un morceau de pain ; l'eau du ruisseau voisin apaiserait sa soif. Il se fouilla et resta pétrifié... Sa pièce de monnaie, sa dernière ressource, était perdue !

Germain devint pâle, la chétive auberge devant laquelle il s'était arrêté lui montrait les gens de la maison en train de souper, et l'hôte, l'ayant vu s'arrêter, était venu à lui avec la mine d'un homme qui compte sur une affaire.

L'attitude du jeune homme lui montra clairement qu'une déception pécuniaire l'empêchait de rien acheter et un éclat de rire insultant fit monter le rouge aux joues pâlies de Germain, qui s'éloigna rapidement. La Providence permit qu'un peu plus loin il trouvât des baies sauvages ; ces fruits apaisèrent pour le moment l'estomac affamé du pauvre voyageur. S'il avait eu sa valise, il l'aurait remplie de ces baies bienfaisantes, ou plutôt il l'eût échangée contre quelque nourriture ; mais il avait dû la vendre pour subvenir à l'achat de souliers, et il n'avait rien.... car l'argent destiné au général ne comptait pas pour lui !

La nuit vint bientôt apporter à Germain un obstacle à la continuation de son pénible voyage. Il se laissa tomber au pied d'un arbre et là, dans un demi-sommeil plein de rêves tristes et terribles, il passa quelques heures dont le souvenir poignant se grava dans sa mémoire à tout jamais. Frissonnant sous l'humidité qui s'étendait en nappes blanches autour de lui, il se sentait fiévreux et faible. La soif le dévorait! Avec quel plaisir il allait boire à longs traits à une source qui sortait de terre à côté de lui, avec un petit murmure plaintif et doux!

Ce fut dans ce malaise physique et moral que le pauvre Germain vit poindre enfin l'aurore. Il avait encore sept lieues à faire! en serait-il capable dans l'état d'extrême abattement où il se sentait? Se mettant pieusement à genoux, Germain implora le Ciel; il pria son père et sa mère de le protéger, de lui donner des forces, puis il se leva et reprit résolument son voyage.

Bientôt le soleil apparut, radieux et chaud, mais pour les yeux fatigués du pauvre voyageur cette lumière était trop vive et l'éblouissait. La chaleur, succédant au froid humide, accablait le pauvre jeune homme et rendait chacun de ses pas plus difficile. Son estomac ne le faisait souffrir que par intervalles : c'était alors quelque chose de poignant, et Germain devait s'arrêter, afin de reprendre haleine, jusqu'à ce que la force lui fût revenue.

Il avait fait huit lieues en dix heures, la veille; ce jour-là, il mit presque toute la journée pour franchir les sept lieues qui le séparaient de Beau-Désert. Il suivait pourtant quelques chemins de traverse qu'on lui indiqua et qui abrégèrent un peu la route : il lui semblait être la proie d'un rêve pénible quand il traversa un petit village et que, s'informant, il apprit qu'il n'était plus qu'à un quart d'heure du château où il se rendait. Il s'assit, ou plutôt il se laissa tomber sur un banc devant la maison d'un boulanger. Les émanations du pain que l'on sortait du four le firent regarder de ce côté. Ses yeux affamés furent remarqués par le boulanger, qui s'avança vers le pauvre jeune homme.

« Vous faut-il quelque chose, monsieur ? » lui dit-il poliment.

Germain se troubla à cette question et se leva aussitôt.

« Je dois me rendre au château de Beau-Désert, balbutia-t-il ; c'est à droite, n'est-ce pas ?

— Oui, la grille vous l'indiquera, » dit le boulanger, étonné de se voir refuser.

Pendant que Germain s'éloignait d'un pas lourd, la femme du boulanger parut à la porte.

« Tu aurais dû lui offrir un peu de pain, à ce pauvre garçon ! dit-elle. Il n'a pas d'argent, j'en suis sûre, et il semble avoir faim, car il a soupiré en te regardant travailler à tirer le pain.

— Est-il possible ? dit avec consternation le boulanger, qui était un brave homme ; ah mais, au fait ! dit-il en se ravisant, puisqu'il va au château, on lui donnera à manger.

Germain implora le ciel.

— Dieu le veuille! » dit la femme en rentrant à la maison.

La faim du jeune homme avait redoublé depuis qu'il avait vu ces pains dont il n'osait hélas! demander un seul morceau; mais le désir d'arriver lui rendit son énergie, et ce fut d'un pas rapide et ferme qu'il entra dans l'allée du château et qu'il arriva à l'habitation du général.

« M. de Ryon? demanda-t-il à un domestique qui sortait de l'antichambre.

— Monsieur est là, répondit le domestique, mais il est occupé; une visite vient d'arriver, il vous faut attendre. »

Attendre!... en aura-t-il le courage?... Enfin il le faut.

Germain suivit machinalement le valet de chambre qui lui avait fait signe de venir; ce dernier le fit entrer dans l'antichambre, puis, sur la demande instante du jeune homme, il alla prévenir le général que quelqu'un demandait à le voir.

Germain avait évité à dessein de se nommer; il craignait que le général ne voulût pas le recevoir s'il s'était fait connaître, et il attendit, le cœur palpitant, le moment où on l'introduirait chez M. de Ryon.

Une demi-heure.... une heure.... rien!... Quelle

épreuve que cette attente pour la faiblesse et la fatigue extrême du jeune voyageur !

Si je suis trop faible, se disait-il avec inquiétude, comment ferai-je pour gagner ma vie et pouvoir retourner au Vallon-Vert ?

Combien Germain sentit alors son imprudence ! S'il avait pris conseil du docteur ou du curé, il ne se serait pas mis dans cette terrible position.

Enfin, une porte s'ouvrit tout à coup, et Germain se trouva face à face avec le général.

« Vous ici ? dit ce dernier, avec une surprise et une froideur extrêmes : que me voulez-vous donc ? »

Le jeune homme était presque accablé : sa fierté lui fit faire un violent effort.

« Général, répondit-il, je viens vous apporter le prix du cheval que mon père a eu le malheur de vous vendre autrefois.

— Que dites-vous ? » s'écria M. de Ryon en avançant de quelques pas, et en faisant signe à Germain de le suivre dans son cabinet.

Le jeune homme obéit et déposa sur une table un sac d'argent.

« Voici, général, reprit-il, l'argent qui représente l'achat regrettable que vous avez fait. Mon père s'est profondément repenti de sa conduite ; il est mort en me léguant la tâche de réparer intégralement le passé... Vous le voyez, mon père était un honnête homme !

— Et son fils aussi, s'écria le général, pressant chaleureusement les mains de Germain très-ému. Morbleu ! je m'en veux de mes paroles de l'autre jour ! Pourquoi ne m'avoir pas dit tout cela alors ? »

Germain rougit.

« Je n'avais pas alors l'argent nécessaire, général, répliqua-t-il ; aujourd'hui, je.... »

Il ne put achever ; une pâleur mortelle envahit ses traits et il chancela soudain.

Le général le retint dans ses bras.

« Eh bien ! qu'avez-vous donc ? » demanda-t-il avec intérêt.

La porte s'ouvrit alors brusquement et.... le docteur parut !

A cette vue, Germain poussa une faible exclamation et porta la main à sa poitrine. La surprise, l'émotion, le besoin, la fatigue l'anéantissaient. Ses cicatrices mal fermées se rouvrirent tout à coup et il perdit entièrement connaissance.

« Le malheureux enfant ! dans quel état je le retrouve, dit le docteur désolé. Ses blessures se rouvrent : il ne manquait plus que cela ! Vite, de Ryon, tenez-moi ma trousse, demandez du vinaigre ! »

Le général ouvrait des yeux énormes.

« Vous connaissez ce jeune homme, Bonnel ? s'écria-t-il avec stupéfaction.

— Parbleu ! si je le connais ! répliqua le docteur, tout en secourant Germain ; je le crois bien que je le connais, mon pupille.... merci !... Ouvrez-la et donnez-moi des bandes et de la charpie.... C'est çà.... c'est pour lui seul que je suis venu, le pauvre garçon !

— C'est aimable ! dit le général tout en aidant le docteur.

— Je vous aurais parlé de lui et vous seriez déjà au courant de tout, continua M. Bonnel, si vous m'aviez laissé le temps de parler ; mais quand je suis arrivé, vous bavardiez !...

— Merci ! répondit le général d'un air goguenard.

— Eh bien, vient-on enfin avec ce vinaigre ? reprit le docteur, très-animé. Ah ! c'est heureux, voilà la femme de charge. Venez ici, ma brave femme, donnez-moi ça et allez préparer mon lit pour ce jeune homme ; portez des cordiaux chez moi, j'en ai besoin afin.... Dites donc, vous permettez, général ? je me mets à donner des ordres sans le vouloir, moi.

— Faites donc ! dit avec chaleur M. de Ryon ; vous êtes ici chez vous, ne le savez-vous pas ? On dirait que vous oubliez à quel point je vous suis redevable; sans vous, vivrais-je encore?

— Ta, ta, ta! fit le docteur, ne bavardez donc pas comme çà, de Ryon : le passé est le passé. Un coup de main, voulez-vous, afin d'emporter mon pauvre Germain chez moi ? »

Le général ne répondit qu'en soulevant Germain toujours évanoui, et le docteur marcha à côté de lui pour soutenir la tête du jeune homme.

CHAPITRE XX

La vraie vocation

Quand Germain rouvrit les yeux, il crut rêver. Il se trouvait dans une chambre somptueuse, couché dans un excellent lit... Il jeta des regards étonnés autour de lui et il vit le docteur et le général assis près de la fenêtre et causant à voix basse.

Un mouvement du jeune homme attira leur attention : ils se levèrent vivement et allèrent vers lui.

« Ah ! tu es mieux ? dit le docteur avec amitié. Comme tu es pâle ! ajouta-t-il en l'examinant. Tes joues sont creuses, ton pouls.... morbleu ! c'est le pouls d'un homme qui souffre de la faim.... Depuis quand es-tu à jeun? » ajouta t-il brusquement.

Germain hésita à répondre.

« Eh bien? reprit M. Bonnel alarmé et frappant du pied dans son inquiétude, parleras-tu?

— Depuis hier matin, » murmura enfin le jeune homme en baissant la tête.

Le général et le docteur se regardèrent, épouvantés.

Le premier se précipita su une sonnette et la tira si vigoureusement que le cordon lui resta dans la main; l'autre s'était élancé hors de l'appartement.... Courir à la cuisine, arracher à la cuisinière effarée un bol qu'elle tenait à la main, saisir une cuiller et se munir d'un bouillon, fut pour M. Bonnel l'affaire de quelques secondes, puis il remonta quatre à quatre, sans faire attention au liquide brûlant qui débordait et lui coulait sur les doigts. Une fois revenu dans la chambre, il se mit à faire avaler à son pupille le bouillon cuillerée par cuillerée, avec la sollicitude et les précautions d'une mère. Le général regardait avec bonheur le pauvre garçon, qui se ranimait visiblement à mesure qu'il mangeait.

Quand ce fut fini, le docteur se croisa les bras.

« Là! dit-il en voilà assez pour le moment. Dans une heure, tu en auras autant, plus un verre de bordeaux; après, tu me feras le plaisir de dormir douze heures, et demain je te confesserai, polisson.

— Oh pardon! pardon et merci! s'écria Germain les larmes aux yeux ; j'ai eu grand tort de vous cacher ainsi mes projets; je le comprends depuis ce matin, mon bon docteur.

— Allons, ne vous agitez donc pas, dit le général; n'ayez pas peur : il a beau faire les gros yeux, il ne vous mangera pas ! Je suis là d'ailleurs, que diable!

— Oui, un joli aide, dit le docteur d'un ton bourru. Si vous n'aviez pas été vous fourrer dans ce désert qui n'est pas beau.... non, il n'est pas beau, ne protestez pas, allez! les gens de goût seront toujours de mon avis.... Si vous étiez resté à la ville, ce malheureux garçon n'aurait pas trimé sur la route et ne serait pas maintenant comme une carpe pâmée. »

Germain ne put s'empêcher de rire et le général fit chorus.

« Ah! tu ris à présent! » C'est heureux! reprit le docteur, toujours d'un air bougon. Dors un brin, va! c'est ce que tu as de mieux à faire, tandis que le général et moi allons enfin pouvoir fumer : il y a douze heures que je n'ai touché un cigare, moi, grâce à ce satané gamin! Hum! venez-vous, de Ryon?

— Me voilà, dit le général, très-amusé par le

mélange d'impatience et de bonhomie du docteur.

— Venez.... Ah!. attendez, que je lui arrange son oreiller à ce vaurien.... Et son bandage ? il n'a pas bougé, bravo ! Me voilà, mon ami, je suis à vous. »

Quand les deux hommes eurent quitté la chambre, Germain ne s'assoupit nullement, comme l'espérait M. Bonnel; mais il se laissa aller à une rêverie pleine de douceur. Quel changement du jour au lendemain ! Que Dieu était bon ! Sa mère n'était-elle pas pour lui un second ange gardien?

Il était soldat maintenant ! Cette pensée assombrit son visage. Oh ! ses belles espérances, qu'étaient-elles devenues? Après ses longues années de service, aurait-il encore les dispositions artistiques que l'on avait remarquées en lui?

D'ailleurs, il était pauvre, bien pauvre! Comment faire pour payer son apprentissage et pour vivre dans une grande ville où tout est si cher? Le pauvre jeune homme soupira longuement et une profonde tristesse s'empara de son cœur, tandis qu'il se promettait de ne jamais attrister le docteur de ses rêves impossibles ! Son excellent tuteur n'avait été que trop bon déjà pour lui, et il était indispensable de lui cacher des idées qui donneraient peut-être au docteur la pensée de l'aider, malgré la modicité de ses ressources.

Lorsque MM. de Ryon et Bonnel revinrent, Germain regardait pensivement un buste de prix, placé sur une console. Il se hâta de détourner les yeux et accueillit les visiteurs par un sourire de reconnaissance.

« As-tu dormi? dit le docteur; es-tu mieux?

— Je me sens presque remis, répondit Germain, et je n'attends que la nourriture promise par vous pour bien dormir.

— Ce qui signifie qu'il n'a pas fermé les yeux, dit le général, tandis que M. Bonnel ne cachait pas son désappointement. C'est votre faute, mon ami, vous l'avez traité comme un nègre, avant de partir.

— Oh non! dit vivement Germain, mais je réfléchissais et cela éloignait le sommeil.

— Tiens, tu es capable de réfléchir? dit le docteur d'un air narquois.

— Bonnel! fit le général, voilà que vous recommencez! donnez-lui donc à manger, au lieu de l'embêter sans relâche.

— De Ryon! s'écria le docteur, vous vous émancipez.... Au fait, où est le plateau? Il n'y a pas de danger que vos fichus domestiques y pensent.... »

En ce moment on frappa à la porte et le valet

de chambre entra, portant ce qui était nécessaire pour le léger repas de Germain.

Cette apparition fit cesser la causerie ; on fit manger Germain avec les mêmes précautions que la première fois, puis chacun se retira dans son appartement pour la nuit.

Le lendemain, Germain put se lever, sinon remis, du moins aussi bien que possible. Après une tranquille matinée et un déjeuner excellent, auquel le pauvre garçon fit honneur, on s'établit dans un pavillon de travail au milieu du parc, et là Germain dut « se confesser » au docteur et au général et leur faire connaître ce qu'il venait de faire et ce qu'il avait souffert.

Pendant son récit, M. Bonnel avait laissé éteindre son cigare et il écoutait en silence, sa main abritant ses yeux... Le général crut remarquer la raison de cette attitude, dans la vive émotion que causait à l'excellent homme ce récit émouvant. Quand ce fut fini, le docteur toussa, pour s'éclaircir la voix.

« Ainsi, te voilà soldat ? » dit-il en regardant Germain bien en face.

Celui-ci inclina la tête.

« Une belle chose que tu as faite là ! continua M. Bonnel en se levant ; une fichue sottise dont le général est la cause....

— Comment ! moi ? dit M. de Ryon très-surpris.

— Eh! sans doute, répondit le docteur en s'échauffant; ne fallait-il pas acquitter cette malheureuse dette! Vous voilà avec un beau garçon de plus à commander, hein? Morbleu! si cet enfant-là est tué dans une de ces boucheries comme nous en avons déjà vu, je....

— Eh bien après? dit le général avec impatience.

— J'aurai perdu mon enfant, » murmura péniblement le bon docteur.

Et il sortit à grands pas.

« Brave cœur! » dit le général, très-ému, tout en suivant Bonnel pour conférer avec lui de cette complication.

Germain était désolé de causer tant de peine à son bon tuteur : il n'osa les suivre, car il savait que le docteur n'aimait pas que l'on remarquât son émotion, et s'accoudant avec mélancolie sur un canapé, il regarda distraitement autour de lui.... Tout à coup ses yeux brillèrent : il se leva vivement, et s'approcha d'un établi. Là, au milieu d'outils divers, se trouvait un bloc de terre glaise, recouvert de linge mouillé et attendant le bon plaisir du maître; quelques mauvaises ébauches étaient posées dans un coin. Germain haussa les épaules en les regardant, et peu à peu, comme attiré par un charme tout-puissant, il s'approcha du bloc et le regarda, tout songeur.

La flamme du génie brillait dans ses yeux quand il saisit soudain les outils et se mit à travailler avec ardeur.... Il n'était plus soldat, mais artiste !...

CHAPITRE XXI

Pris en flagrant délit

Baigné de sueur, en proie à la fièvre de l'inspiration, Germain travaillait avec une espèce de délire. Sous ses mains inspirées, l'informe monceau s'était transformé....

Que représentait donc le travail du jeune homme pour l'animer au point de lui faire tout oublier, l'heure, le lieu et les circonstances?

Cette figure mélancolique et intelligente.... cette femme, la tête levée, la bouche frémissante prête à s'écrier.... c'est Julienne, c'est sa mère retrouvant la raison!

Lorsqu'il se recula enfin, en poussant le soupir d'un artiste heureux de sa noble création, il n'était plus seul.... Absorbé dans son travail, il n'avait pas entendu la porte s'ouvrir et des pas résonner derrière lui....

Étonné de son attitude, le docteur ouvrait la bouche pour lui parler, lorsque le général lui saisit le bras et lui fit énergiquement signe de garder le silence.

Immobiles, le cœur ému, ils restèrent longtemps côte à côte, regardant avec admiration le jeune artiste se griser de travail. Quand il s'arrêta pour contempler son œuvre, puissante malgré ses incorrections, deux exclamations enthousiastes le firent tressaillir et chanceler.

« Ah! brave enfant, s'écria le docteur hors de lui, en le serrant sur son cœur; mais c'est magnifique, ce que tu sais faire!. »

Le général restait en contemplation devant ce buste. Il avait oublié la présence de Bonnel et celle de Germain qui tremblait, et il tournait autour de l'établi, en gesticulant et en se parlant à lui-même.

Tout à coup il s'arrêta court, comme frappé par une pensée soudaine, saisit le bras du docteur interloqué et l'entraîna hors du pavillon. Il lui parla longtemps à voix basse, avec feu, tandis que M. Bonnel faisait des signes de chaleureux assentiment. Quand M. de Ryon s'arrêta, le médecin l'embrassa de tout son cœur et ils

Le général restait en contemplation devant ce buste.

revinrent près de Germain resté seul, et tout ému encore de ce qu'il venait de faire.

« Germain, dit le général, vous allez rester ici une huitaine de jours, au lieu de retourner chez vous; c'est convenu avec le docteur, vous vous remettrez mieux de vos fatigues; ensuite Bonnel viendra vous rejoindre et s'occuper de votre départ.

— Il me faudra rejoindre mon régiment, général, dit timidement Germain, rappelé par ces paroles à la réalité : je dois y être rendu le 15 de ce mois sans faute, et nous sommes le 7.

— Hein? très-bien! reprit distraitement le général; vous serez seul, je vais m'absenter aussi. Travaillez tant que vous voudrez jusqu'à notre retour à tous deux.

— Oh merci! monsieur, dit Germain tout heureux de cette permission ; je vais mettre le temps à profit, car de longtemps je ne pourrai travailler, après cela. »

Le docteur échangea un regard avec M. de Ryon.

« Voilà qui est convenu, dit-il alors; allons dîner, à présent; je meurs de faim et je dois aller ce soir à la ville prendre le train de nuit. »

On alla se mettre à table, mais on parla peu. Le docteur et le général étaient visiblement préoccupés. Germain, absorbé par ses pensées et ses regrets, ne s'apercevait pas de l'attitude des autres convives.

Immédiatement après le dîner, le docteur monta dans la voiture découverte qui l'attendait devant le perron et le cocher partit avec une rapidité vertigineuse, sûr qu'il était de mener le docteur en quatre heures à la ville, comme le désirait M. Bonnel, grâce aux admirables trotteurs du général. Quand la voiture eut disparu, M. de Ryon se retourna gaiement vers Germain.

« A nous deux à présent, mon ami ! s'écria-t-il. Il me faut le nom de votre régiment, celui de votre colonel, enfin tous les détails relatifs à votre engagement. »

Germain le regarda tout étonné.

« Oui, poursuivit le général avec bienveillance, je compte m'occuper de vous le plus possible et ces renseignements me sont nécessaires.

— Vous êtes mille fois bon, général, dit Germain pénétré de gratitude, et je vais vous mettre tout cela par écrit, si vous le permettez.

— C'est cela, répondit M. de Ryon en lui prenant le bras; venez par ici pour me donner tout cela. Ah! à propos, vous aviez dit à Bonnel combien vous auriez désiré revoir vos amis, Porphyre et.... Friquet, je crois? Ils vont venir ici passer le temps de mon absence près de vous;

j'ai chargé Bonnel de les envoyer.... à mes frais, bien entendu. »

Germain confondu s'épuisait en remerciements : le général y mit fin en le faisant asseoir devant son bureau et le jeune homme écrivit les renseignements demandés.

Le voyant ensuite visiblement fatigué, M. de Ryon l'envoya dans sa chambre, en lui recommandant de se reposer le plus possible.

En y entrant, Germain remercia Dieu et pria avec ferveur; puis, l'imagination préoccupée de son œuvre du matin, le jeune homme s'endormit en se recommandant à sa bonne mère, dont le cher souvenir l'avait si admirablement inspiré.

Le lendemain, le général était parti à son tour, et parti de si bon matin, que Germain n'était pas encore réveillé au moment de ce départ. Le jeune homme fut honteux et désolé de n'avoir pu lui faire ses adieux et lui adresser encore ses remerciements.

« Que monsieur se rassure, lui dit le valet de chambre; monsieur le général était heureux de savoir monsieur reposant encore et il avait pris ses précautions pour que personne ne fît de bruit, à cause de cela. »

Germain était tout ému de cette bonté de M. de Ryon : aussi se donna-t-il à peine le temps de déjeuner et courut-il au pavillon, afin d'y travailler pour le général.

Après s'être occupé du buste de sa mère, Germain commença sur médaillon le profil de M. de Ryon. L'arrivée de ses amis l'enchanta, sans pour cela interrompre ses travaux. Tout en causant avec eux et tout en les mettant au courant de ce qu'il avait fait, le jeune homme modelait savamment la terre glaise et ne s'interrompait jamais, malgré les interminables fureurs de Friquet et les lamentations de Porphyre à propos de l'engagement de Germain.

Friquet avait pris son parti : décidé à suivre Germain partout et toujours, il comptait s'engager aussi et rageait d'attendre trois mois encore ses dix-huit ans.

Porphyre se demandait ce qu'il deviendrait sans le jeune homme : il était trop âgé pour imiter Friquet et il se proposait d'aller travailler le plus possible chez le docteur. En attendant, il allait souvent donner un coup de main à la ferme, car M. de Ryon avait un beau faire-valoir, et le temps s'écoula si vite que Germain fut tout surpris de voir un jour le docteur et le général entrer dans le pavillon où il travaillait avec ardeur.

A leur vue, Germain soupira longuement et quitta son travail presque achevé. Les revoir, c'était recevoir le signal du départ : adieu l'art, adieu l'avenir peut-être....

« Eh bien? dit le docteur avec bonhomie, en faisant un signe amical à Friquet, qui s'était levé avec respect (Porphyre était à la ferme) ; tu n'as pas l'air heureux de me revoir, sais-tu cela?

— Allons donc! dit le général avec malice, en coupant la parole à Germain interdit, il est enchanté.... intérieurement, voilà tout, n'est-ce pas, Germain ? et le travail, jeune soldat, où en est-il? »

Le cœur serré par cette gaieté, qui lui semblait ne faire aucun cas de sa triste position, Germain indiqua en silence le médaillon, qui était aux trois quarts fait.

« Ah! c'est beau.... fichtre! c'est vraiment beau ; merci de votre aimable pensée, mon ami, fit le général en s'approchant de l'établi. Eh bien! mais ce n'est pas terminé, cela?

— Il m'aurait fallu deux jours pour l'achever, répondit Germain, d'une voix qu'il s'efforçait de rendre ferme.

— Et vous devez partir demain matin? » reprit le général avec indifférence, tout en examinant le travail inachevé.

Germain ne répondit pas.

Friquet était exaspéré par les façons du général et par le calme parfait du docteur, qui écoutait la conversation, les mains derrière le dos, tout en admirant tranquillement le médaillon fait par Germain.

« Un beau travail! dit alors Friquet d'une voix où la rage concentrée se mêlait à l'indignation et au chagrin ; qué dommage qu'il ne s'achève pas ! »

Le général se retourna subitement et regarda Friquet *sous le nez*, comme on dit vulgairement.

« Mais il va s'achever, » répondit-il carrément.

Friquet le regarda avec stupéfaction, tandis que Germain changeait de couleur.

« Oui, continua tranquillement le général, j'ai un ami qui est un bon artiste et qui terminera.... »

Germain poussa un cri et s'élança vers M. de Ryon.

« Terminer ceci? s'écria-t-il en tremblant d'émotion : on toucherait à mon travail? on changerait mon œuvre? le fruit de mes efforts, l'enfant de mon labeur? Quoi! ajouta-t-il avec un redoublement d'énergie, on ferait une chose pareille? Ah! brisez cette œuvre plutôt! anéantissez ce qui m'est si cher! »

Le docteur le saisit par les épaules et le jeta dans les bras du général tout radieux.

« Embrasse ton bienfaiteur! s'écria-t-il, il t'a

fait libérer et il se charge de ton éducation artistique. »

Éperdu, le jeune homme regarda M. de Ryon avec un égarement plein d'anxiété.

« Il dit vrai! dit le général en souriant; l'artiste qui finira mon portrait, c'est vous! »

CHAPITRE XXII

Libre

Nous renonçons à décrire la scène qui s'ensuivit. Le docteur, le général et Germain parlaient à tort et à travers, tandis que Friquet se livrait à une danse effrénée, témoignant des dispositions toutes particulières pour la gymnastique transcendante.

Au milieu de ce désordre, Porphyre arriva et resta littéralement pétrifié. Germain courut à lui, lui saisit les mains et commença une explication à laquelle le brave Auvergnat ne comprit absolument rien.

Voyant que l'ivresse de Germain lui rendait toute explication impossible, le docteur mit laborieusement Porphyre au courant de ce qui se passait.

Lorsqu'il eut enfin compris ce dont il s'agissait, le fidèle Auvergnat sortit de son calme habituel. Il poussa une espèce de rugissement, serra les mains du général à les lui démantibuler, et embrassa Germain avec effusion.

Le jeune homme était dans une joie qui tenait du délire.... Eh quoi! ses rêves devenaient des réalités : il allait être non-seulement libre, mais encore en état de se livrer à ses goûts les plus chers. Il regardait le général comme un envoyé du ciel et ne se lassait pas de remercier et de bénir sa bienfaisante intervention et sa résolution généreuse.

Ce fut au milieu de ce ravissement que M. de Ryon annonça à Germain son plan d'avenir. Il l'envoyait à Paris, et allait le faire étudier sous la direction du sculpteur qui s'était déjà intéressé au jeune homme et auquel il avait écrit à ce sujet. Là Germain recevrait une pension suffisante jusqu'à ce qu'il fût en état de se suffire à lui-même. Un petit appartement et un vaste atelier venaient d'être retenus pour le jeune artiste, dans un quartier tranquille de Paris. Il y serait là « avec Friquet, si ce dernier y consent », ajouta le général d'un air goguenard.

Le pauvre garçon poussa un cri de joie.... Il

avait écouté M. de Ryon d'un air morne, car il pressentait une séparation et la bonté du général dissipait ses craintes ! On juge de sa joie et de ses actions de grâces.

Un gros soupir se fit entendre. On se retourna et l'on vit Porphyre, le visage triste, car il se croyait seul délaissé.

« Quel dommage de voir Porphyre abandonner le pays et suivre Germain ! dit alors le docteur avec une fausse indignation.

— Je ne pars pas, moi, répondit l'Auvergnat la figure allongée.

— Je rendrai donc au propriétaire la chambre qui vous était destinée, fit le général tranquillement.

— Ch'est-il pochible ? J' peux j'aller avec Germain, monchieu ? y a de la plache pour moi làbas ? s'écria Porphyre, les yeux brillants de joie.

— J'avais compté sur vous pour aider Germain à manier tous ses tripotages, répondit le bon M. de Ryon, en riant de la figure béate faite par l'Auvergnat.

— Ah chi je l'aiderai, je crois bien ! dit Porphyre qui ne se tenait plus d'aise ; je chuis prêt, allez ! Quand partons-nous ?

— Lorsque Germain aura terminé mon portrait, répliqua le général, en posant affectueusement la main sur l'épaule de son protégé ; puis nous irons à Paris vous y installer, mes amis.

— Eh quoi! vous aussi, de Ryon, vous allez faire le voyage? dit le docteur étonné.

— Je veux veiller moi-même sur ces trois amis, répondit gaiement M. de Ryon : ne faut-il pas les meubler? Chut! pas de remerciements, et à table! Bonnel meurt de faim, et moi aussi. »

Porphyre et Friquet voulurent prendre le chemin de l'office, mais le général les en empêcha.

« Aujourd'hui, dit-il, c'est Germain qui préside, en sa qualité de héros de la fête, et ses amis doivent rester tous près de lui.

On devine aisément que le repas fut gai et plein d'entrain. Germain n'était plus reconnaissable. Sa vivacité pleine d'esprit était inépuisable : il stupéfia le docteur, qui s'écria tout à coup :

« Ce gars-là est transformé! de Ryon, vous êtes sorcier, mon cher. Je croyais mon pupille sérieux, plutôt mélancolique, et je me trouve en face d'un feu d'artifice.

— Vous vous trompez, c'est une lumière! répliqua le général : lumière pure, belle, et stable, que j'ai tirée de dessous le boisseau.

— Ne le gâtez donc pas par de tels compliments, repartit le docteur, feignant de s'irriter; n'écoute pas, Germain, tu deviendrais vaniteux.

— Ah ! j'aime beaucoup ça, reprit le général en s'échauffant : et qu'est-ce que vous lui avez dit, à ce garçon, en voyant sa première œuvre ?

— Je lui ai dit.... je lui ai.... est-ce que je pensais à ce que je disais ! répondit le docteur, au milieu des rires.

— Ce n'étaient pas précisément des injures, fit le général triomphant.

— Oh ! le premier mouvement....

— Est toujours le bon, mon cher.

— En vérité? eh bien alors, à votre santé, mon ami. »

De vives approbations accueillirent la saillie du docteur, le général lui fit raison en riant, et l'on finit joyeusement cette belle soirée.

Surexcité par le bonheur et la reconnaissance, Germain réussit étonnamment bien le buste de M. de Ryon; ce travail achevé, l'on partit de Beau-Désert, le docteur pour rentrer chez lui, le général et les trois autres pour Paris.

On juge si le voyage se fit gaiement ; l'installation fut rapidement faite et l'on ne resta que peu de jours à l'hôtel. L'appartement fut bientôt habité par Germain, Friquet et l'Auvergnat, et le soir de cette prise de possession, le général repartit pour la campagne, accompagné par les bénédictions reconnaissantes de ses protégés.

Germain ne pouvait se lasser d'admirer son

nouveau logis : cette installation était si commode, si tranquille et si gaie! C'était un pavillon entre cour et jardin : au rez-de-chaussée étaient l'antichambre, la salle à manger, la cuisine et une petite chambre fort gentille pour Porphyre ; au-dessus, l'atelier de Germain et deux chambres pour lui et Friquet : le jardin était pour eux seuls. La maison était simplement, mais suffisamment meublée. Le jeune artiste fut ému et ravi en voyant dans l'atelier le buste de sa mère, que le général avait eu la délicate attention d'apporter pour Germain.

On juge si toutes ces heureuses circonstances enflammaient l'ardeur du jeune homme. Il était impatient d'étudier sérieusement : aussi alla-t-il, dès le lendemain, commencer ses leçons avec son maître, qui l'attendait et qui le soumit à de sérieuses et longues études.... Mais rien ne rebutait Germain; rien ne décourageait son zèle et son ardeur; le vieil artiste fut bientôt fier de ce brillant élève et souriait en lui parlant d'avenir.

Pendant que ces travaux journaliers absorbaient le temps et la vie du jeune homme, Friquet et Porphyre se rendaient utiles en jardinant et en s'occupant de l'appartement et du ménage : le jeune garçon avait choisi le département de la cuisine, Porphyre celui du jardinage, et tandis que l'un s'ingéniait à faire des ragoûts friands, l'autre s'enorgueillissait de lui fournir des légumes superbes et des fruits qui faisaient sa gloire et l'admiration de ceux qui visitaient Germain, car Germain avait fait quelques connaissances. D'abord, son maître aimait à venir chez lui passer une soirée tranquille, égayée par la causerie spirituelle de Germain et par les saillies comiques de Friquet. Le charabia de Porphyre ajoutait du piquant à la conversation ; d'autres artistes, qui s'intéressaient à Germain, venaient souvent aussi dans ce petit logis gai, hospitalier et doux, où la vie s'écoulait, pure, utile et chrétienne.

Le bon ecclésiastique qui disait la messe de sept heures à la paroisse de nos amis, était un de ces hommes éminents qui comptent autant de bonnes actions que de jours dans leur existence. Il mettait avec passion sa vie entière au service des pauvres et des affligés, et sa haute stature était bien connue dans tous les quartiers ouvriers. Son infatigable activité semait la banlieue d'églises nouvelles et d'œuvres charitables, dont il était l'âme et la vie. Il remarqua bientôt l'assiduité de Germain et de ses deux compagnons à la messe et il ne tarda pas à se convaincre que c'étaient d'excellents chrétiens : aussi accueillit-il avec un sourire le salut de ce trio d'amis, lorsqu'il le rencontra dans la rue. Bientôt l'on se dit bonjour, puis l'on causa, et un beau soir le petit jardin reçut la visite de l'abbé Elmor.

Ce fut bientôt un des intimes du petit logis. Les artistes amis de Germain, d'abord un peu effarouchés et gênés par la vue d'une soutane, ne tardèrent pas à être sous le charme de cette bonté admirable, de cet esprit original et puissant, qui rendait l'abbé Elmor l'ami de tous. Lorsque par hasard le prêtre s'abstenait de venir à l'une des réunions hebdomadaires de Germain, tout le monde s'en apercevait et l'on s'en plaignait à l'abbé la fois suivante. Peu à peu, la messe de sept heures vit près du trio le maître de Germain, puis quelques autres artistes, et la petite société découvrit un beau jour que l'abbé avait ramené au bercail du bon Pasteur plus d'une brebis égarée.

CHAPITRE XXIII

Devant le public

Trois ans se passèrent ainsi; les travaux de Germain, surveillés par le général et le docteur, qui venaient de temps en temps s'informer de ce que devenait leur protégé, lui avaient procuré l'expérience, le goût et la sûreté d'exécution nécessaires à un vrai talent d'artiste. Son génie, d'abord incorrect dans sa puissance et dans toute sa fougue, s'était largement développé et le maître de Germain le jugea enfin capable d'exposer!...

A cette grande nouvelle, Germain resta muet d'émotion; Friquet fit une gambade, Porphyre se frotta les mains; l'abbé, ainsi que les autres amis, se réjouirent de ce prochain début.

Trévor donna à son élève le choix de la statue qui devait être faite pour l'Exposition, et Germain, après avoir longtemps réfléchi, se décida à représenter le Repentir.

Étonné de ce choix austère, Trévor lui suggéra l'idée d'une Aurore.... ou d'une Chasseresse.. ou d'un Enfant jouant avec un oiseau.... Germain resta inébranlable, et Trévor inquiet le regarda commencer son œuvre.

Mais lorsque l'ébauchoir du jeune homme eut modelé l'argile grossière et laissé entrevoir ce que serait cette statue, les craintes du maître disparurent, pour faire place à la joie orgueilleuse et à l'admiration ravie.... Chaque jour il suivait avec amour les progrès de ce travail, chaque jour apportait un charme nouveau à cette œuvre magnifique... Quelle beauté sévère dans l'attitude de cette figure au front incliné ! quelle pensée profonde dans ces yeux ! que de noblesse dans cette main étendue ! quel abattement dans ce bras qui retombe !...

Dans son orgueil jaloux de tout cacher jusqu'à entière perfection, Trévor ne voulut jamais faire voir à personne ce travail nouveau. De son côté, Germain, tout en se livrant avec passion à l'exécution de cette statue, redoutait le jugement du public et n'avait même pas osé parler, dans ses lettres à ses protecteurs, de sa grande entreprise. Il en résulta que, le jour de l'Exposition, l'abbé et le petit groupe d'amis, accompagnés de Porphyre et de Friquet, coururent voir la statue qu'on savait avoir été acceptée, et se dirigèrent anxieusement vers l'endroit où étaient exposées les sculptures.

Ils entrèrent d'abord facilement, mais bientôt il leur fut impossible d'avancer : une foule compacte leur barrait le passage. Réduits à l'immobilité, ils demandèrent à quelqu'un pourquoi l'on ne pouvait aller plus loin.

« Mon Dieu ! monsieur, répondit poliment à l'abbé un monsieur qui revenait en sens inverse, c'est à cause d'une merveilleuse statue dont la vue captive. Je l'admire à la lettre depuis une demi-heure, et si l'on ne m'avait poussé et ramené ici malgré moi, j'y serais encore !

— Pardon, monsieur, dit anxieusement l'abbé, tandis que les autres se regardaient tout émus et pleins d'une vague espérance ; de qui est cette œuvre ? que représente-t-elle ?

— Ma foi, répondit le passant, l'artiste était inconnu jusqu'ici ; attendez (et il ouvrit le livret) : *Le Repentir*, par Germain Hardy.

— Chaperlotte ! rugit Porphyre ; ah ch'est bien cha.... Plache !... allons voir cha ! Chuivez-moi, les j'amis.... »

Les bras puissants de l'Auvergnat se frayèrent irrésistiblement un passage à travers la foule, et le petit groupe arriva devant l'œuvre que comtemplait un public enthousiaste : un cri de joie, de surprise et d'admiration s'échappa de leurs bouches....

Pauvre Robert! de quel œil respectueux et profond ton enfant avait médité ta souffrance! avec quelle âme il avait ciselé le marbre pour en faire jaillir la vie, prise sur le fait! En regardant cette immobilité vivante, ceux qui t'avaient connu comprenaient alors ce que tu avais dû souffrir!

Les amis de Germain s'arrachèrent avec peine à leur contemplation et, cédant à l'impulsion de personnes impatientes de prendre leur place, ils sortirent de l'Exposition, encore très-impressionnés par le succès du jeune homme

Les artistes prirent alors congé de l'abbé et allèrent où les appelaient leurs occupations diverses. Resté seul avec Porphyre et Friquet, M. Elmor causa un instant avec eux et se disposait à s'éloigner également, lorsque l'Auvergnat s'écria avec joie : « Quelle chanche!... Monchieu le docteur et monchieu le général....

— Tiens! vous voilà par ici tous les deux? dit en s'approchant M. Bonnel, très-surpris. Nous arrivons, le général et moi, vous faire une visite; ma foi! le beau temps nous a tentés et nous avons envoyé à l'hôtel le domestique avec les malles, afin d'arriver à pied chez Germain. Comment va-t-il ?

— Mais comment êtes-vous par ici ensemble? fit le général, coupant la parole à Friquet, qui allait répondre : et ton jardinage, Porphyre? et ta cuisine, Friquet?

— Ch'est que ch'est le premier jour de l'Expogichion, répondit Porphyre avec emphase, et nouj y avonj été, Friquet et moi. »

Les deux arrivants éclatèrent de rire.

« Quelle drôle d'idée! fit le docteur, en riant de tout son cœur. La vocation de Germain gagne Porphyre : il va contempler les chefs-d'œuvre. »

L'abbé, qui les observait, tout en se tenant discrètement à l'écart, s'approcha alors en les saluant.

« Veuillez excuser un ami de votre jeune protégé, messieurs, dit-il avec un charmant sourire, s'il a entraîné ces deux braves garçons de ce côté (et il désignait l'Exposition); nous sommes tout près de ces nouvelles magnificences; je crois donc pouvoir être agréé en m'offrant à vous comme cicérone, si vous voulez passer quelques instants à regarder les œuvres d'art, vraiment remarquables cette année.

— Ma foi! monsieur l'abbé, dit cordialement le général, charmé de la façon aimable avec laquelle M. Elmor se faisait connaître, j'accepte de grand cœur, pour ma part ; et vous, Bonnel ?

— Très-volontiers, répondit celui-ci, qui saluait l'abbé. Au fait, qui sait si nous n'y trouverons pas Germain ? »

Tandis que Porphyre et Friquet, riant sous cape de la surprise qu'allaient éprouver les voyageurs, se dirigeaient à la hâte vers leur logis pour y préparer tout ce qu'ils avaient de mieux pour les recevoir, l'abbé introduisait les deux amis dans la partie de l'édifice consacrée aux sculptures, après s'être muni d'un livret, qu'il se garda bien toutefois de leur donner !

Tout en marchant à pas lents et en leur montrant les œuvres d'art qui arrêtaient leur marche à chaque instant, l'abbé achevait la conquête de MM. de Ryon et Bonnel par sa conversation, tour à tour sérieuse et enjouée, sans cesser d'être remarquable.

Il s'arrêta enfin, se fit place avec peine dans une travée remplie par la foule et resta silencieux en leur désignant du doigt une statue.

« Ah ! quel chef-d'œuvre ! s'écria le général. Fichtre ! quand Germain fera-t-il une telle chose ? Regardez donc, Bonnel, au lieu d'avoir le nez fourré dans le livret de M. l'abbé ; vous me direz le nom de l'artiste après. »

Le docteur leva la tête et changea de visage.

— Robert, dit-il d'une voix entrecoupée, cette admirable statue serait.... »

Le général, hors de lui, lui arracha le livret.

« *Le Repentir*, lut-il à demi-voix.... par Germain Hardy!...

Sans se soucier de la foule curieuse qui les entourait, MM. de Ryon et Bonnel se serrèrent la main comme deux frères. L'abbé les regardait avec bonheur.

« Grâce à vous, murmurait le docteur, ce beau génie a pu se développer !

— C'est votre ouvrage, bien plus que le mien, répondit le général sur le même ton. Sans vous, l'aurais-je suffisamment connu? aurais-je mis dans ma vie triste et solitaire ce but excellent et cette tendresse toujours croissante? »

A peine remis de leur émotion, MM. de Ryon et Bonnel remercièrent chaleureusement l'abbé de leur avoir fait admirer sans retard l'œuvre de Germain, et ils prirent congé de lui pour aller chez le jeune artiste.... A leur grande surprise, il n'était pas chez lui.

Ils l'attendaient depuis une demi-heure, en s'impatientant à qui mieux mieux, lorsque Germain rentra; il avait été rendre compte à son maître des appréciations flatteuses des membres du jury de sculpture.

On comprend sa surprise et sa joie; il s'excusa

de ne pas leur avoir parlé de sa statue, donnant modestement comme raison sa crainte de chagriner, par un insuccès, ses chers protecteurs.

Le soir, chaque ami du jeune homme tint à honneur de venir le féliciter : la soirée fut charmante, le général et le docteur rayonnaient des succès de Germain et l'on se sépara à regret, en se demandant de quelle façon les journaux parleraient de Germain.

CHAPITRE XXIV

La médaille d'or

Ce premier succès public enflamma l'ardeur de Germain. Il se remit à l'œuvre avec ardeur. Trévor, désormais assuré du génie de son élève, le laissa libre de choisir son sujet pour l'Exposition suivante et le regarda en silence ébaucher une statue de femme. Il s'était d'abord interdit toute louange, mais un cri d'admiration lui échappa lorsqu'il entra un matin dans l'atelier du jeune artiste et qu'il contempla l'admirable *Mater Dolorosa* vivant et palpitant grâce au ciseau inspiré de Germain. Trévor saisit la main de son élève. Il tremblait! « Quel rêve du ciel que cette figure! » murmura-t-il. Après un silence,

Germain lui répondit les yeux humides : « C'est ma mère, telle que se la rappellent ma tendresse et ma douleur. »

Le cœur de M. Bonnel se dilata et le général retroussait fièrement ses moustaches, en lisant les articles élogieux des journaux. Le jour qui suivit l'ouverture de l'Exposition, tous parlaient de la statue de Germain comme d'une œuvre hors ligne et promettaient au jeune homme un brillant avenir. Tout en signalant deux ou trois légères incorrections, les critiques détaillaient les beautés de cette œuvre et conseillaient au gouvernement de l'acquérir pour le musée. Germain rougissait de bonheur en savourant son succès incontestable, non que l'orgueil se glissât dans son âme pour en ternir les nobles qualités, mais il se réjouissait à cause de ses protecteurs et de ses amis, sachant combien leur amitié s'assimilait son bonheur.

Ses amis augurèrent pour ce chef-d'œuvre un rillant accueil du jury. Germain se récria toutefois lorsqu'on parla un soir des récompenses futures et que l'on songea tout haut pour lui à une mention spéciale, en constatant le succès hors ligne de cette œuvre nouvelle, accueillie avec enthousiasme par le public.

« Ne dites pas cela, murmura-t-il pâle et troublé ; une fausse joie nous désolerait tous et je suis encore trop heureux des éloges bienveillants qui m'ont été accordés pour ma première statue et pour celle-ci. »

Des sourires furent échangés dans la petite société qui se trouvait là, mais on n'insista pas sur ce sujet et la chose en resta là.

Des lettres rappelèrent bientôt impérieusement le docteur, qui était venu voir son pupille, à ses occupations habituelles; aussi fut-il obligé de partir peu de temps après son arrivée. Toutefois il recommanda au général qui l'avait accompagné de lui télégraphier si leur protégé obtenait une récompense quelconque, et M. de Ryon resta seul près de Germain. Le général comptait les jours qui le séparaient de la décision des membres du jury au sujet des récompenses accordées aux artistes.

Friquet, toujours aux aguets, avait trouvé moyen de se glisser à côté de la salle où se décernaient les récompenses à donner. Dès qu'il vit sortir de là les membres du jury, il s'approcha de l'un d'eux et l'interrogea sans façon. Quand il eut entendu la réponse faite à sa question, il prit ses jambes à son cou, arriva hors d'haleine au logis et s'élança vers le général, qui causait avec Germain.

« La médaille d'or!... dit-il tout haletant, tandis qu'il riait et pleurait à la fois.

— Hein ? quoi ? qui ? pour Germain, la médaille d'or ! fit le général, ne pouvant en croire ses oreilles.

— Friquet se trompe, dit Germain très-agité ; il ne peut avoir lu cela nulle part.... A moi, la récompense d'honneur ? quel rêve ! »

Tout en reprenant haleine, Friquet raconta comment il avait appris cette grande nouvelle.

M. de Ryon écoutait ce récit avec enchantement : le premier mouvement de Germain fut de joindre les mains et de rendre grâces au ciel qui l'avait si heureusement inspiré.

Friquet repartit alors à toutes jambes, pour porter au bureau du télégraphe la dépêche destinée à instruire le docteur de la glorieuse distinction accordée à son pupille.

Ce fut le dimanche, après la messe, que M. Bonnel reçut un large pli contenant la communication du général. Sa figure devint tellement radieuse à cette lecture, qu'on l'entoura sous prétexte de lui dire bonjour, mais en réalité pour essayer de savoir ce qu'il y avait d'extraordinaire.

Le docteur remarqua cela bien vite.

« Ah ! fit-il avec malice, savez-vous, père Grimbart, que vous êtes le voisin de l'un de nos artistes les plus célèbres et dont vous avez pourtant dédaigné la société ?

— Pas possible, m'sieur! dit Grimbart interdit; j'ai toujours été honnête avec les messieurs d' ma connaissance.

— Même avec Germain Hardy? demanda M. Bonnel gravement ; avec ce jeune homme qui vient d'être comblé d'éloges par tous les journaux et qui a reçu hier la médaille d'or, première de toutes les récompenses données aux artistes de talent?

— Ah! quelle joie! s'écria le curé en s'approchant; c'est un grand honneur pour notre village, » ajouta-t-il avec intention.

Tous les paysans se regardèrent, ébahis.

« Fichtre ! dit vivement Grimbart ; est-ce qu'on parle de son pays?

— Parbleu! si l'on en parle, dit le docteur, tout en échangeant un regard d'intelligence avec le vieux prêtre qui souriait; tenez, écoutez cela. Il tira majestueusement un journal de sa poche, le déploya et lut avec emphase les lignes suivantes :

« Le jeune Germain Hardy, dont la Normandie, et tout particulièrement le village de Mahéru, doit justement s'enorgueillir, est appelé par son talent à enrichir nos monuments publics d'œuvres nouvelles; ses chefs-d'œuvre cesseront de nous faire regretter les grands artistes d'autrefois. »

Un murmure d'orgueil accueillit cette lecture.

« Voilà pourtant celui que vous avez honni, insulté et traité en paria, » reprit le docteur, en remettant le journal dans sa poche d'un air d'indifférence.

Des dénégations plurent de tous côtés.

« J'étais absent quand on lui a fait des misères, disait l'un.

— J'ai gardé le lit, l'année dont il s'agit, criait un autre.

— C'était surtout au père qu'on en voulait, reprenait un troisième.

— Monsieur, dit alors en s'avançant timidement l'un des jeunes garçons qui s'étaient montrés autrefois si cruellement hostiles envers Julienne, monsieur Germain ne nous en voudra peut-être plus si nous témoignons notre repentir en honorant la mémoire de ses pauvres parents.

— Que veux-tu dire? demanda le docteur avec intérêt, tandis qu'on faisait silence autour d'eux.

— Si nous élevions à nos frais une belle croix de pierre sur la tombe de Robert et de Julienne Hardy, reprit le jeune garçon d'un ton pénétré, monsieur Germain n' verrait-il pas là une preuve de nos regrets? Il n'a pas osé mettre autre chose, m'a-t-on dit, que la croix de bois qui s'y trouve maintenant, car il craignait des paroles insultantes pour la mémoire de son père.... c'est à nous d'mettre-là un monument durable. »

Il y eut un cri d'approbation générale. Le curé et le docteur félicitèrent le jeune garçon de sa pieuse idée et bientôt on vit s'élever au cimetière une grande croix de pierre, portant les noms de Robert et de Julienne, avec les dates funèbres. On lisait dessus :

« Humble souvenir du village de Mahéru. » Plus bas étaient gravées ces paroles sublimes du *Pater* qui s'adaptaient si bien à tous : *Notre père qui êtes aux cieux.... pardonnez-nous nos offenses comme nous pardonnons à ceux qui nous ont offensés !...*

Pendant que se dressait ce témoignage d'estime et de réparation, Germain recevait solennellement la médaille d'or, au milieu d'une foule immense et sympathique.

Ce fut un beau jour que celui-là ! Le général, l'abbé et le petit cercle d'amis se réjouissaient de la modeste attitude du jeune homme et de la glorieuse récompense accordée à son talent. Peu de jours après, Germain se séparait à regret de Trévor et des amis fidèles qu'il laissait derrière lui, et quittait Paris avec le général, Porphyre et Friquet.

Les voyageurs se dirigèrent d'abord vers Mahéru. Germain était troublé et inquiet de revoir ceux qui lui avaient été si hostiles, mais sa crainte cessa bien vite en se voyant accueilli avec un empressement évident. Lorsqu'il alla prier sur la tombe de ses parents, il fut saisi d'une émotion profonde, en voyant ce que la piété repentante des habitants avait fait pour la demeure dernière de Robert et de Julienne.

« Merci ! dit-il d'une voix étouffée à ceux des paysans qui l'observaient respectueusement : ceci m'est plus précieux que mon succès à Paris. »

Nos voyageurs revirent le Vallon-Vert avec un sentiment doux, triste et calme. Porphyre s'y réinstalla pour quelques jours, avant de rejoindre Germain et le général à Beau-Désert. Friquet resta également chez lui, car il avait à cœur de revoir Simplette, qui ne sortait guère, à cause de la mère Grimbart. La vieille femme était tombée en enfance; et Simplette soignait sa tante avec un dévouement infatigable.

Le père Grimbart, tout en criant misère, venait d'acheter la belle ferme possédée jadis par Robert : c'était là que demeurait la pauvre vieille, avec Simplette, qui faisait toute la besogne.

M. de Ryon et son protégé ne repartirent pas de Mahéru sans avoir été passer quelques jours chez le docteur. Ils y virent, outre la bonne Mme Bonnel, sa fille Madeleine, qui venait de ter-

Il fut saisi d'une émotion profonde.

miner ses études et qui était belle comme sa mère et bonne comme ses parents. Puis les voyageurs se dirigèrent vers Beau-Désert, où la famille Bonnel devait aller passer une quinzaine et où l'on attendait également l'abbé Elmor.

CHAPITRE XXV

Les distractions de Friquet

« Germain, dit un jour M. de Ryon en entrant dans le pavillon où travaillait le jeune homme, comprends-tu quelque chose à ce Friquet? Il devait arriver avant-hier et il n'est pas ici. Je l'attends pour donner quelques conseils à ma nouvelle cuisinière, qui gargote, et je ne vois personne... c'est inouï! »

Germain sourit, tout en continuant son travail.

« Cher général, dit-il enfin, Friquet a vingt-quatre ans.

— Eh bien, pourquoi me rappelles-tu son âge? dit le général en ouvrant de grands yeux.

— Oh! pour rien, fit gaiement l'artiste; d'ailleurs, je me trompe peut-être.... »

L'entrée d'un domestique qui venait annoncer l'arrivée de M. Elmor, fit perdre de vue au général les paroles pleines de réticences prononcées par Germain.

Ce fut une vraie joie que d'installer l'abbé au château : il était si gai, si intéressant à entendre causer, si instruit! le général en raffolait....

« Ah! c'est bien heureux, fit M. de Ryon en apercevant Friquet dans l'allée d'arrivée, peu de jours après l'arrivée de M. Elmor. Pourquoi diable es-tu resté si longtemps là-bas, gamin? »

Friquet donna quelques raisons plus mauvaises les unes que les autres.

« Ah çà! mais regarde-moi donc en face? reprit le général. Dieu me pardonne! ce n'est plus notre Friquet d'autrefois! on l'a changé en route. Oui, ris jaune, va, mon gaillard! ça n'empêche pas que ta mine joviale est remplacée par un air à porter le diable en terre, n'est-ce pas, Germain?

— C'est la fatigue du voyage peut-être, dit ce dernier, qui paraissait deviner ce qu'il en était.

— Hum! enfin.... Venez, l'abbé, reprit M. de Ryon, vous n'avez pas encore vu ma glacière. »

Ils s'éloignèrent en causant et laissèrent les deux jeunes gens seuls.

« Friquet, dit alors Germain avec amitié, pourquoi veux-tu te cacher de moi? de moi, ton vieil ami! Ne vois-je pas bien que tu aimes Simplette et que tu n'oses m'en parler?

— Eh bien, c'est vrai! dit Friquet, en serrant avec force les mains de son ami; mais si je l'épouse, Germain, je devrai te quitter et j'ai le cœur déchiré, au point de ne savoir que faire.... Le peu d'éducation que tu m'as fait donner à Paris me faciliterait la tenue d'une ferme et Simplette serait contente, je le sais, si je la demandais en mariage. Le petit bien de ma mère, qui avait été à l'abri des folies de mon père, me donne le moyen de vivre à l'aise là-bas.... mais.... sans toi! »

La voix de Friquet s'éteignit en disant ces mots et il cacha son visage dans ses mains.

« Je vais arranger tout ça, imbécile! » dit soudain la voix du général, qui parut sur la lisière du bois avec l'abbé.

Friquet avait bondi en entendant ces mots; il se prit à trembler en écoutant M. de Ryon s'adresser à Germain.

« Mon enfant, dit le général à l'artiste avec une bonté sérieuse et tendre, je viens de causer avec l'abbé, qui m'approuve, de mes projets d'avenir. Je suis seul, sans parents, sans d'autres amis que le bon docteur et ceux que toi, Germain, tu m'as donnés (et, en disan cela, il tendit la main à l'abbé, qui la serra de tout son cœur). Veux-tu me donner la joie de te garder près de moi? le droit de t'offrir un jour les avantages que le ciel m'a accordés? En agissant ainsi, Germain, j'installerai alors à la ferme le brave Friquet, dont l'existence est liée à la tienne, et il y vivra heureux avec celle qu'a choisie son cœur : veux-tu nous donner ce bonheur? »

Germain était hors d'état de répondre, mais il se jeta avec effusion dans les bras de l'excellent homme, qui le serra sur son cœur, tandis que Friquet, éperdu, embrassait l'abbé de toutes ses forces.

« Voilà qui est convenu, reprit avec joie le général; ah! ah! monsieur Friquet, vous avez repris votre mine d'autrefois. Voyons, partez vite pour Mahéru et faites-nous savoir le jour de la noce, afin qu'aucun de nous ne manque à l'appel. C'est moi qui ferai les frais du mariage. »

Ce fut en vain que Germain représenta à Friquet la nécessité de se reposer quelques heures; ce fut en vain que l'abbé renchérit sur Germain.

« Non, non! dit obstinément Friquet, je suis arrivé ici trop malheureux de renoncer à Simplette! Je ne tiendrais pas en place ici, je veux être sûr qu'on me l'accorde.... et je me sauve ! »

On eut à peine le temps de lui faire faire un léger repas. Il s'étranglait en buvant, il étouffait en mangeant ; il prenait du vinaigre pour de l'eau, du sel pour du sucre.... et il ne respira qu'en reprenant le chemin de son village.

« Que c'est drôle, les amoureux ! dit en riant le jeune artiste, j'espère bien ne jamais être ainsi.

— Ta, ta, ta ! dit le général, tu y passeras plus tôt que tu ne le penses peut-être, mon bel ami.

— Pourquoi ne suivrais-je pas votre exemple, général ? » dit Germain avec une gaieté pleine de respectueuse affection.

M. de Ryon hocha la tête.

« Je sens trop le prix des biens que j'ai perdus, pour t'engager à faire de même, dit-il sérieusement ; d'ailleurs, j'étais un vieux bourru, moi ! tandis que toi.... »

Il n'acheva pas et parla des préparatifs à faire pour recevoir le mieux possible M. Bonnel et sa famille.

Le général avait hâte de les voir arriver, afin de faire avec le docteur ce qui était nécessaire pour l'installation de Friquet et de Simplette à la ferme ; aussi sa figure s'éclaira-t-elle lorsqu'il vit arriver la voiture qui amenait les visiteurs.

« Soyez les bienvenus, s'écria-t-il, en se hâtant de les introduire au château; vous arrivez à temps pour être témoins de l'exécution d'un projet assurant le bonheur d'un brave garçon dont je suis heureux de récompenser l'affectueux dévouement.

CHAPITRE XXVI

Le tour de Germain

La présence du docteur et de sa famille apporta une animation nouvelle à Beau-Désert. Ils avaient appris avec joie les projets du général. La noce de Friquet, qui eut lieu peu de temps après, donna lieu à des réjouissances multipliées et à un joyeux voyage. Pourquoi donc Germain était-il devenu si souvent pensif et absorbé? pourquoi souriait-il avec effort et recherchait-il les occasions d'être seul, de s'absenter même? Il eut une conduite étrange surtout lorsque le général lui parla de faire le buste de Madeleine; le jeune homme se troubla, perdit contenance et ne sut que balbutier.

Malgré cela, M. de Ryon convint de tout et fixa au lendemain la première séance. Madeleine y consentit timidement, avec la permission de sa mère. Germain se sentait observé par le docteur et prétexta quelques préparatifs à faire pour quitter le salon.

Quand il fut parti, le général prit en souriant le bras du médecin.

« Voulez-vous venir chez moi un instant, Bonnel? Si madame veut bien le permettre, j'ai à vous parler de quelque chose de très-particulier, dit-il.

— Ah! fit le docteur, il se pourrait que je sache déjà ce qu'il en est. Madeleine, peux-tu aller mettre mes comptes au net? Si tu ne m'aides pas, je n'en viendrai jamais à bout.

— Je crois bien, dit la jeune fille avec gaieté, tout en se levant; vous effacez toujours les trois quarts des chiffres et il faut refaire plusieurs fois les additions. »

Après son départ, le docteur montra du doigt le pavillon où l'on apercevait vaguement Germain, puis la porte par où était sortie Madeleine.

« Est-ce cela? dit-il ensuite d'un ton expressif.

— Tout juste! dit joyeusement M. de Ryon; il s'agit, chère madame, ajouta-t-il en s'adressant à Mme Bonnel, de faire le bonheur de ces enfants.

Vous connaissez Germain ; aussi ai-je une entière confiance dans votre décision. »

L'excellente mère, les larmes aux yeux, tendit la main au général.

« Marions-les, dit-elle avec émotion, et puisse ma fille avoir le bonheur que Dieu a daigné me prodiguer en m'envoyant votre ami. »

Le docteur se récria, en déclarant que ce compliment à brûle-pourpoint était excessif.... que sa modestie ne pouvait le supporter ; puis, l'on convint de ne rien dire, afin de laisser à la jeune fille toute liberté et la facilité de mieux connaître Germain.

Le lendemain, madame Bonnel arriva avec Madeleine au pavillon, à l'heure désignée pour la séance et elle s'assit sur un banc adossé au mur, tandis que la jeune fille, s'installant près de l'établi, levait sur Germain ses beaux yeux candides.

« Vous êtes à merveille ainsi, mademoiselle, s'écria le jeune homme charmé ; cette pose de tête un peu inclinée est parfaite ; restez comme cela, je vous en prie, et puissé-je ne pas être trop indigne du modèle que j'ai la bonne fortune d'avoir. »

La jeune fille, répondit en riant, avec une bonne grâce et une modestie charmantes, et tout en se mettant à l'œuvre, Germain continua la conversation. Le temps s'écoula vite pour tous deux, et ils furent très-surpris d'entendre madame Bonnel avertir sa fille de l'heure avancée.

Chaque jour, la causerie et le travail reprenaient, égayés par les fréquentes apparitions du général et du docteur. Ces messieurs applaudissaient en constatant les progrès et la beauté de l'œuvre nouvelle, et Madeleine se défendait en rougissant, lorsque Germain leur répondait :

« Il m'est impossible de réaliser complètement ce que j'admire sans pouvoir le rendre. »

« Eh bien, le voilà fini, ce beau travail, dit un jour le général à son protégé, en entrant chez lui à l'improviste. Bonnel est enchanté ; il dit que ce sera pour lui une consolation quand il n'aura plus sa fille près de lui. »

Germain se leva vivement et regarda M. de Ryon avec terreur.

« Que voulez-vous dire ? » s'écria-t-il.

Le général avait pris la résolution de taquiner Germain, pour le punir du silence gardé par le jeune homme sur son attachement au sujet de Madeleine.

« Oui, fit-il en s'accoudant d'un air indifférent à la fenêtre, le docteur se décide à marier sa fille.

— Savez-vous avec qui ? dit Germain d'une voix tremblante.

— Bonnel avait cru faire agréer un homme fort

distingué des environs, répondit M. de Ryon avec insouciance, mais.... (il s'arrêta pour allumer une cigarette) Madeleine a refusé : elle en préfère un autre. »

Le jeune homme devint livide....

Et elle a raison, ma foi! d'après le peu que j'en sais, dit perfidement le général ; c'est un charmant garçon, paraît-il (diable de cigarette! la voilà éteinte), un phénix, un oiseau bleu, que sais-je? Enfin, ça se fera bientôt ; j'irai à ce mariage, et toi aussi. Ce sera un heureux mortel que ce mari, car elle est ravissante cette petite, qu'en dis-tu ? »

Afin de mieux juger de son coup de théâtre, M. de Ryon, riant sous cape, tourna la tête pour contempler le jeune homme, mais il fut stupéfait en se voyant seul.

Germain était parti !

En entendant le général dire que la jeune fille allait se marier bientôt, le pauvre artiste avait perdu la tête! Courir comme un fou à l'écurie, seller un cheval et partir à toute bride après avoir dit à la hâte au cocher de faire reprendre le cheval à l'hôtel où l'on descendait habituellement à la ville, ce fut pour Germain l'affaire de quelques minutes.

Pendant ce temps-là, le général effaré appelait Germain dans tout le château, puis, voyant ses recherches inutiles, il sortit pour continuer son investigation dans le parc.

La première personne qu'il rencontra fut le cocher, qui paraissait ahuri.

« Quelle diable de mine fais-tu là, Pierre? dit-il (car cet homme était celui qui avait procuré jadis au général le fameux cheval noir. Entré depuis au service de M. de Ryon, Pierre avait eu promptement pour Germain l'estime et l'affection méritées par la noble conduite du jeune homme). Tu n'as pas vu M. Germain, par hasard? continua M. de Ryon.

— Ah si, monsieur! oh, je crois bien! répondit le cocher d'un ton lamentable.

— Où est-il? s'écria le général, qui commençait à s'inquiéter.

— Bien loin à l'heure qu'il est, s'il galope toujours du train d'enragé avec lequel il filait d'ici! » répliqua Pierre d'un air lugubre.

Très-troublé, M. de Ryon se fit expliquer par le cocher ce qui venait d'arriver.

« Quel cheval a pris Germain? s'écria-t-il en s'élançant vers l'écurie.

— Pluton, monsieur le général, répondit tristement Pierre.

— Bon, il s'essouffle vite. Vulcain peut le rattraper. Où est la selle? Plus vite donc, lambin! la bride.... bien ; la cravache... pas celle là, animal, la plus grosse! Oh! le diable d'enfant! le diable d'enf.... »

Le reste se perdit dans l'espace; le général était parti ventre à terre.

Pendant une demi-heure, il galopa avec la même frénésie. Vulcain était blanc d'écume, mais la noble bête était de grande race et le prouvait en faisant résonner la route par son galop furieux.... Enfin, un point gris se voit à l'horizon : c'est le fugitif! Le général, hors de lui, fait sentir l'éperon à son cheval.... Vulcain dévore l'espace; il gagne du terrain.... il se rapproche encore du cavalier....

Germain se retourne, et s'arrête avec saisissement!

« C'est bien heureux! s'écrie le général, hors d'haleine.... Pauvre garçon! comme tu te sauvais.... Ce n'est pas étonnant, morbleu! après mes sottes plaisanteries...

— Mon Dieu, général, que dites-vous? fit Germain, qui oublia de continuer ses excuses et ses explications.

— Je dis que, pendant que tu te sauvais à Paris, continua le général en s'essuyant le front (car c'est à Paris que tu te rendais, de ce joli petit train-là? oui, c'est ça! je m'en doutais, ta fiancée s'étonnait de ne pas te voir!

— Mais…. celui qu'épouse Madeleine?… balbutia Germain éperdu….

— C'est toi, parbleu! dit le général en éclatant de rire…. ouf! tu m'étrangles…. oui; c'est convenu avec Bonnel et avec sa femme. Madeleine est loin de dire non : sa mère me l'a annoncé hier. Dis donc! et Friquet dont tu te moquais! « Que c'est drôle, ces amoureux! » disais-tu. Tu joues bien ton rôle aussi quand tu t'y mets, toi, je t'en fais mon compliment. Allons, retournons à Beau-Désert, mais tranquillement, cette fois. Diantre! je suis fourbu… »

Leur retour fut accueilli par Pierre avec ravissement; le pauvre homme se désespérait et croyait ses maîtres en grand danger. Le docteur, averti par lui, était aussi très-tourmenté, et respira en voyant arriver les cavaliers.

Dans quels sentiments désespérés Germain était parti! Plus malheureux qu'il ne l'avait jamais été, ses souffrances d'autrefois pâlissaient à côté des tortures nouvelles de son pauvre cœur; aussi revint-il presque machinalement, anéanti qu'il était par ses émotions profondes…. Mais lorsqu'il vit le docteur lui tendre les bras, quand il vit madame Bonnel l'embrasser avec effusion, lorsqu'il vit surtout sa charmante fiancée s'avancer vers lui, tendre et troublée, alors il leur dévoila à tous ses douleurs passées, ses espérances revenues et ce fut à genoux qu'il remercia le général et les parents de Madeleine, lorsque celle-ci plaça sa main dans la sienne.

Friquet, à peine arrivé avec Simplette, vit cette scène de famille et appela Porphyre à grands cris pour l'en rendre témoin.

Comment essayer de décrire la joie de tous ces braves cœurs? Elle se devine et se comprend; presque tous avaient souffert et n'en sentaient que mieux le bonheur présent.

Il fut convenu que le mariage se ferait sans retard : le jeune ménage devait passer six mois à Paris et six mois à Beau-Désert, afin de ne pas entraver les travaux de Germain ; le général les accompagnait à Paris.

Le docteur et sa femme devaient venir souvent et s'installer plus tard définitivement avec eux, dès que le médecin se sentirait trop fatigué pour continuer sa profession.

Friquet dirigeait avec Simplette la ferme du général; il avait vendu la propriété qu'il avait à Mahéru pour acheter à côté de Beau-Désert un petit bien et quelques herbages, dont M. de Ryon se plut à augmenter le nombre. Porphyre aidait Friquet dans ses travaux, mais il suivait fidèlement son cher Germain partout où il allait, à Paris comme à Beau-Désert.

L'abbé vint bénir le mariage de Germain : le bon curé de Mahéru était alors trop goutteux pour y assister, mais il alla voir plus tard les jeunes mariés; et ce fut dès lors un échange de visites.... Les amis de Paris ne furent pas oubliés et recommencèrent, avec une joie affectueuse, leurs visites d'autrefois.

La prospérité n'a pas enivré Germain, car ses succès continuent; il travaille beaucoup pour les monuments religieux, auxquels il offre généreusement ses œuvres. Sa statue du Repentir, entre autres, orne l'église de Mahéru; celle de la Mater Dolorosa est dans la chapelle du château de Beau-Désert. Quand parfois on lui parle du passé, il bénit le ciel des épreuves comme des bienfaits.

« Dieu nous mène au port, dit un jour le jeune homme devenu un grand artiste; il nous y conduit par des voies mystérieuses et sûres. Pour ma part, lorsque je pense aux souffrances de ma bonne mère, au repentir admirable de mon pauvre père, quand je vois avec quelle bonté Dieu m'a envoyé mon tuteur, notre excellent général, ma chère femme, sa mère, et mes

L'abbé vint bénir le mariage.

amis, je bénis le ciel d'être le fils du maquignon! »

Et, se penchant vers les beaux enfants qui jouaient près de lui, il les embrassa avec amour.

FIN.

TABLE DES MATIÈRES

		Pages.
	Tristes explications.	
II.	Le petit sauvage.	15
III.	Simplette	33
IV.	Hypocrisie.	39
V.	La saisie.	45
VI.	Le Vallon-Vert.	55
VII.	La vente.	63
VIII.	Le désespoir de Friquet.	71
IX.	La découverte de Julienne.	85
X.	Retour imprévu.	99
XI.	Robert Macaire.	107
XII.	L'étang	115
XIII.	Les joies de la mort.	121
XIV.	L'amour filial et l'amour maternel.	133
XV.	Les parias.	141
XVI.	Le bien pour le mal.	151
XVII.	L'oubli.	163

TABLE DES MATIÈRES.

		Pages.
XVIII.	Pour arriver au but.	174
XIX.	Misère.	179
XX.	La vraie vocation.	192
XXI.	Pris en flagrant délit	199
XXII.	Libre!	211
XXIII.	Devant le public.	219
XXIV.	La médaille d'or.	227
XXV.	Les distractions de Friquet.	239
XXVI.	Le tour de Germain.	245

1209. — Typographie Lahure, rue de Fleurus, à Paris.

LIBRAIRIE HACHETTE ET CIE

BOULEVARD SAINT-GERMAIN, 79, A PARIS

LE

JOURNAL DE LA JEUNESSE

NOUVEAU RECUEIL HEBDOMADAIRE ILLUSTRÉ

Les six premières années (1873-1878) formant douze beaux volumes grand in-8º et contenant plus de 3000 gravures sont en vente

Ce nouveau recueil hebdomadaire est spécialement destiné aux jeunes gens et aux jeunes filles.

Il forme, chaque semaine, une livraison de seize pages imprimées sur deux colonnes, contenant environ 1200 lignes de texte, et de belles gravures d'après nos meilleurs artistes. La première partie est consacrée aux œuvres d'imagination, aux voyages; l'autre, à ces mille notions de science, d'art, d'industrie, qu'il est si utile de présenter à la jeunesse et qui l'intéressent d'autant plus qu'elles lui sont présentées avec tout l'attrait de l'actualité. La couverture elle-même forme tous les quinze jours un supplément consacré à des problèmes, des charades, des logogriphes, des questions historiques, fournissant aux lecteurs un sujet de recherches attrayantes et instructives. Les noms des auteurs des solutions sont publiés.

Les six premières années du *Journal de la Jeunesse* forment douze magnifiques volumes in-8º, très richement illustrés.

Ces volumes sont les livres les plus attrayants et les plus instructifs que l'on puisse mettre entre les mains de la jeunesse. Il suffira de jeter un coup d'œil sur le rapide énoncé des principaux articles qui les composent pour se convaincre que le *Journal de la Jeunesse* a fidèlement observé le programme qu'il s'était proposé.

EXTRAIT DES MATIÈRES CONTENUES DANS LES DOUZE PREMIERS VOLUMES

DU

JOURNAL DE LA JEUNESSE

NOUVELLES, CONTES, RÉCITS. — Les braves gens, Nous autres, la Tante Petite, l'Oncle Placide, le Neveu de l'Oncle Placide, par J. Girardin; Une sœur, par Mme de Witt; la Dette de Ben-Aïssa, par Merie Maréchal; En congé, le Jeune chef de famille, la Petite Duchesse, Grandcœur, par Mlle Fleuriot; Tom Brown, par J. Girardin; la Fille aux pieds nus, par Auerbach; Deux Mères, le Violoneux de la Sapinière, la Fille de Carilès, le Bonheur de Françoise, Chloris et Jeanneton, l'Héritière de Vauclain, par Mme Colomb; la Terre de servitude, par H. Stanley; les Aventures du capitaine Magon, la Bannière bleue, Les Pilotes d'Ango, par L. Cahun; Le Château de la Pétaudière, par Mme la vicomtesse de Pitray; Heur et Malheur, par Mme Emma d'Erwin; Montluc le Rouge, par Alfred Assollant; Cousine Marie, par Mlle Gouraud; le Charmeur de serpents, par L. Rousselet, etc.

CAUSERIES. — La Botanique de Georges, les Oranges, le Stéréoscope, une Croisade d'enfants, Copernic, la Monnaie, les Jeux floraux, l'Hôtel de Ville, les Ecoliers soldats, par l'Oncle Anselme; le Parapluie, le Jeu d'échecs, Organisation militaire des Romains et des Gaulois, Les Ogres, par P. Vincent; le Bal costumé, par J. Levoisin; l'Hôtel des Invalides, par Louis Rousselet; les Tuileries, par L. Bepp; la Maison romaine, les Peintres grecs, Découverte de la peinture à l'huile, la peinture murale chez les Anciens, par de Raymond; Origines du service militaire obligatoire en France, par P. Duhousset; Les Mois, par Albert Lévy, etc.

HISTOIRE, BIOGRAPHIE. — Scènes historiques, par Mme de Witt; la bataille de Cannes, par R. du Coudray; Andersen, Dupuytren, par Ch. Joliet; Agassiz, La Tour d'Auvergne, Kaméhaméha V, le capitaine Boyton, par Et. Leroux; Paganini, Nélaton, Coste, par H. de Norval; Boïeldieu, Mozart, Beethoven, par N. Mouzin; Tourville, Châteaubriand, par R. du Coudray; Philippe de Girard, par Richard Cortambert; Cameron, par L. Rousselet; Etienne de La Boëtie, le général Grant, par L. Sevin; Pierre Corneille, par G. Ducoudray; Pie IX, par Mlle Fleuriot.

GÉOGRAPHIE, VOYAGES, AVENTURES. — Une Croisière autour du monde, par Kingston; Livingstone, Henry Stanley, les Pays slaves de la Turquie, les Colonies françaises, les Sources du Nil, Sir S. Baker, le Turkestan, la Guinée, l'Indo-Chine, l'Afrique centrale, les Pygmées, le Bas-Danube et la Drobrudja, nos Colonies, Constantinople, Tahiti, Trébizonde, la Roumanie, les dernières Explorations arctiques, la Traversée de l'Afrique, le deuxième Voyage de Stanley, par Louis Rousselet; le Sahara algérien, le Creusot, par Et. Leroux; les Explorateurs des régions arctiques, l'Expédition du capitaine Hall au pôle Nord, l'Equipage du *Polaris*, les Naufragés au Spitzberg, le Royaume de Dahomey, par Lucien d'Elne; la Grotte d'Adelsberg, par Louis Enault; le Colisée, l'Alhambra, par R. du Coudray; Promenades aux Etats-Unis, par Léon Dives; les Villes de France, par A. Saint-Paul et H. Norval.

HISTOIRE NATURELLE, ZOOLOGIE, BOTANIQUE. — Les Fourmis nourrices, par E. Menault; l'Hippopotame, le Hamster, l'Autruche, l'Eléphant, l'Orang-Outang, les Oiseaux de paradis, les lions marins, la Girafe, le Calmar, le Corbeau, par Th. Lally; le Mégathérium, le Condor, par H. Norval; le Jardinage de la jeunesse, par L. Châtenay; les Oiseaux gigantesques, par Marcel Devic; les Orchidées, les Plantes d'appartement, la Pêche à la ligne, l'Aquarium d'eau douce, par H. de la Blanchère; le Phylloxéra, par Albert Lévy; les Arbres géants, par P. Vincent; les Œufs des insectes, les Méduses, les Anémones de mer, l'Araignée domestique, les Eponges,

— 3 —

par Mme Demoulin; la Belette, le Chat, l'Églantine, par Ch. Shiffer; l'Oiseau-Mouche, par Jeanne du Plessis; les Migrations des Oiseaux, par A. de Brévans, etc.

ASTRONOMIE. — La Planète Vénus, la Lune, la Comète, l'Histoire ancienne du Ciel, la distance du Soleil à la Terre, par A. Guillemin; la Lune rousse, par H. Norval; les Pierres qui tombent du ciel, Saturne, Neptune, Mars, par Albert Lévy.

INVENTIONS, DÉCOUVERTES. — Les Bateaux à vapeur de la Manche, par A. Guillemin; les Destructeurs des câbles, Impressions de voyage en ballon, le Professeur Charles, par G. Tissandier; le Pyrophone, le Gallium, par A. Lévy; un Fanal inextinguible, les Omnibus, le Chemin de fer du Pacifique, la Pendule mystérieuse, les Puits de gaz en Pensylvanie, le Verre, par P. Vincent; les Navires cuirassés, par Léon Renard; le Scaphandre, par H. Norval; le Tunnel de la Manche, par Et. Leroux.

CAUSERIES INDUSTRIELLES. — La Laine, le Coton, la Soie, le Lait, le Papier, le Télégraphe, la Photographie, le Tissage, par Eug. Muller; les Huiles de pétrole, par G. Tissandier; Comment se fait une aiguille, les Vendanges, Emploi de l'air comprimé, les Eaux de Paris, les Marbres de Carrare, le Crin végétal, par P. Vincent; les Fourrures, par Mme Loreau; les Bonbons, le Sel, le Café, le Cacao, le Houblon et la Bière, le Thé, par H. Norval; le Pain et son histoire, par l'oncle Anselme, etc.

ACTUALITÉS, CONTEMPORAINS, VARIÉTÉS. — Le Naufrage du *Northfleet*, Verguin, par Eug. Muller; les Ascensions du *Zénith*, par G. Tissandier; les Bohémiens, par L. Rousselet; Horace Greeley, par P. Vincent; l'Ouverture de la chasse, l'Exposition des races canines, par Th. Lally; l'Arc, l'Arbalète, par H. de la Blanchère; le Palais du Trocadéro, par Lucien d'Elne.

CONDITIONS ET MODE DE LA PUBLICATION

LE JOURNAL DE LA JEUNESSE paraît le samedi de chaque semaine. Le prix du numéro est de 40 centimes.

Chaque année de la publication forme deux beaux volumes in-8° richement illustrés.

Prix de chaque volume : broché, 10 fr.; cartonné en percaline rouge, tranches dorées, 13 fr.

PRIX DE L'ABONNEMENT
POUR PARIS ET LES DÉPARTEMENTS

UN AN (2 volumes).......... 20 FRANCS
SIX MOIS (1 volume)......... 10 —

NOTA. — Ces prix augmentent de 2 fr. pour l'année et de 1 fr. pour six mois pour les pays étrangers faisant partie de l'Union générale des postes.

Les abonnements ne se prennent que pour un an ou six mois, du 1er décembre et du 1er juin.

BIBLIOTHÈQUE ROSE ILLUSTRÉE

Format in-18 jésus, à 2 fr. 25 le volume

La reliure en percaline rouge se paye en sus : tranches jaspées, 1 fr. ; tranches dorées, 1 fr. 25.

1re SÉRIE. — POUR LES ENFANTS DE 4 A 8 ANS.

Anonyme : *Chien et chat;* 3e édit. 1 vol. traduit de l'anglais par Mme A. Dibarrart, avec 45 vignettes par E. Bayard.
— *Douze histoires pour les enfants de quatre à huit ans*, par une mère de famille; 3e édit. 1 vol. avec 18 vignettes par Bertall.
— *Les enfants d'aujourd'hui*, par la même; 3e édit. 1 vol. avec 40 vignettes par Bertall.

Carraud (Mme Z.) : *Historiettes véritables;* 3e édit. 1 vol. avec 94 vignettes par Fath.

Fath (G.) : *La sagesse des enfants,* proverbes, avec 100 vignettes par l'auteur. 1 vol.

Laroque (Mme) : *Grands et petits.* 1 vol. avec 61 vignettes par Bertall.

Marcel (Mme J.) : *Histoire d'un cheval de bois;* 2e édit. 1 vol. avec 20 vignettes par E. Bayard.

Pape-Carpantier (Mme) : *Histoires et leçons de choses pour les enfants;* 9e édit. 1 vol. avec 85 vignettes.
Ouvrage couronné par l'Académie française.

Perrault, Mmes d'Aulnoy et Leprince de Beaumont : *Contes de fées.* 1 vol. avec 65 vignettes par Bertall, Forest, etc.

Porchat (L.) : *Contes merveilleux;* 3e édit. 1 vol. avec 21 vignettes par Bertall.

Schmidt (le chanoine Ch. von) : 190 *Contes pour les enfants,* traduits de l'allemand par Van Hasselt; 2e édition. 1 vol. avec 29 vignettes par Bertall.

Ségur (Mme la comtesse de) : *Nouveaux contes de fées;* 4e édit. 1 vol. avec 46 vignettes par Gustave Doré et H. Didier.

2e SÉRIE. — POUR LES ENFANTS DE 8 A 14 ANS.

Achard (Amédée) : *Histoire de mes amis.* 1 vol. avec 20 vignettes par E. Bellecroix, A. Mesnel, etc.

Andersen : *Contes choisis,* traduits du danois par Soldi; 4e édit. 1 vol. avec 40 vignettes par Bertall.

Anonyme : *Les fêtes d'enfants,* scènes et dialogues; 4e édit. 1 vol. avec 41 vignettes par Foulquier.

Assollant (A.) : *Les aventures merveilleuses, mais authentiques du capitaine Corcoran;* 3e édit. 2 vol. avec 50 vignettes par A. de Neuville.

Barrau (Th. H.) : *Amour filial;* 4e édit. 1 vol. avec 41 vignettes par Ferogio.

Bawr (Mme de) : *Nouveaux contes;* 4e édit. 1 vol. avec 40 vignettes par Bertall.
Ouvrage couronné par l'Académie française.

Belèze : *Jeux des adolescents;* 4e édit. 1 vol. avec 140 vignettes.

Berquin : *Choix de petits drames et de contes;* 2e édit. 1 vol. avec 36 vignettes par Foulquier, etc.

Berthet (Élie) : *L'enfant des bois;* 4e édit. 1 vol. avec 61 vignettes.

Blanchère (de la) : *Les aventures de La Ramée et de ses trois Compagnons;* 2e édit. 1 vol. avec 36 vignettes par E. Forest.
— *Oncle Tobie le pêcheur;* 2e édition. 1 vol. avec 80 vignettes.

Boiteau (P.): *Légendes* recueillies ou composées pour les enfants; 2ᵉ édit. 1 vol. avec 42 vignettes par Bertall.

Carraud (Mme Z.): *La petite Jeanne ou le Devoir*; 6ᵉ édit. 1 vol. avec 21 vignettes par Forest.
Ouvrage couronné par l'Académie française.
— *Les métamorphoses d'une goutte d'eau*, suivies des *Aventures d'une fourmi, des Guêpes*, etc.; 4ᵉ édit. 1 vol. avec 50 vign. par E. Bayard.
— *Les goûters de la grand'mère*; 3ᵉ édit. 1 vol. avec 18 vignettes par Bayard.

Castillon (A.): *Les récréations physiques*; 3ᵉ édit. 1 vol. avec 36 vignettes par Castelli.
— *Les récréations chimiques*, 3ᵉ édit. 1 vol. avec 34 vignettes par Castelli.

Chabreul (Mme de): *Jeux et exercices des jeunes filles*; 4ᵉ édit. 1 vol. contenant la musique des rondes et 50 vignettes par Fath.

Colet (Mme L.): *Enfances célèbres*; 9ᵉ édit. 1 vol. avec 57 vignettes par Foulquier.

Contes anglais, traduits par Mme de Witt. 1 vol. avec 43 vignettes par Morin.

Edgeworth (Miss): *Contes de l'adolescence*, traduits par Le François; 2ᵉ édition. 1 vol. 42 vignettes par Morin.
— *Contes de l'enfance*, traduits par le même. 1 vol. avec 27 vignettes par Foulquier.
— *Demain*, suivi de *Mourad le malheureux*; 2ᵉ édit. 1 vol. avec 55 vign. par Bertall.

Fénelon: *Fables*. 1 vol. avec 22 vignettes par Forest et E. Bayard.

Fleuriot (Mlle Zénaïde): *Le petit chef de famille*; 3ᵉ édition. 1 vol. avec 51 vignettes par Castelli.
— *Plus tard, ou le jeune chef de famille*; 2ᵉ édit. 1 vol. avec 74 vignettes par Bayard.
— *En congé*; 3ᵉ édit. 1 vol. avec 61 vignettes par A. Marie.
— *Bigarrette*. 3ᵉ édit. 1 vol. avec 55 vignettes par A. Marie.
— *Un enfant gâté*; 2ᵉ édition. 1 vol. avec 48 vignettes par Ferdinandus.

Foë (de): *La vie et les aventures de Robinson Crusoé*, traduites de l'anglais, édition abrégée. 1 vol. avec 40 vignettes.

Genlis (Mme de): *Contes moraux*. 1 vol. avec 40 vignettes par Foulquier, etc.

Gouraud (Mlle Julie): *Les enfants de la ferme*; 3ᵉ édit. 1 vol. avec 50 vignettes par E. Bayard.
— *Le Livre de maman*; 2ᵉ édit. 1 vol. avec 68 vignettes par E. Bayard.
— *Cécile ou la petite sœur*; 3ᵉ édit. 1 vol. avec 23 vignettes par Desandré.
— *Lettres de deux poupées*; 4ᵉ édit. 1 vol. avec 59 vignettes par Olivier.
— *Le petit colporteur*; 4ᵉ édit. 1 vol. avec 27 vignettes par A. de Neuville.
— *Les mémoires d'un petit garçon*; 5ᵉ édit. 1 vol. avec 86 vignettes par E. Bayard.
— *Les mémoires d'un caniche*; 4ᵉ édit. 1 vol. avec 75 vignettes par E. Bayard.
— *L'enfant du guide*; 3ᵉ édit. 1 vol. avec 60 vignettes par F. Bayard.
— *Petite et grande*; 2ᵉ édition. 1 vol. avec 48 vignettes par E. Bayard.
— *Les quatre pièces d'or*; 3ᵉ édit. 1 vol. avec 51 vignettes par E. Bayard.
— *Les deux enfants de Saint-Domingue*; 2ᵉ édit. 1 vol. avec 54 vign. par E. Bayard.
— *La petite maîtresse de maison*. 2ᵉ éd. 1 vol. avec 27 vignettes par A. Marie.
— *Les filles du professeur*; 2ᵉ édition. 1 vol. avec 36 vign. par Kauffmann.
— *La famille Harel*. 1 vol. avec 48 vignettes par Valnay et Ferdinandus.

Grimm (les frères): *Contes choisis*, traduits de l'allemand par Fr. Baudry. 1 vol. avec 40 vignettes par Bertall.

Hauff: *La caravane*, traduit de l'allemand, par le même; 3ᵉ édit. 1 vol. avec 40 vignettes par Bertall.
— *L'auberge du Spessart*, traduit de l'allemand par le même; 3ᵉ édit. 1 vol. avec 61 vignettes par Bertall.

Hawthorne: *Le livre des merveilles*, traduit de l'anglais par L. Rabillon. 1ʳᵉ série, avec 20 vign. par Bertall. 1 vol. 2ᵉ série, avec 20 vign. par Bertall. 1 vol. Chaque série se vend séparément.

Hébel et Karl Simrock: *Contes allemands*, imités de Hébel et Karl Simrock, par N. Martin, 3ᵉ édit. 1 vol. avec 25 vignettes par Bertall.

Johnson (R. L.): *Dans l'extrême Far West*. Aventures d'un émigrant dans la Colombie anglaise, traduites de l'anglais par A. Talandier; 2ᵉ édit. 1 vol. avec 20 vignettes par A. Marie.

Marcel (Mme Jeanne) : *L'école buissonnière*; 2e édit. 1 vol. avec 28 vignettes par A. Marie.
— *Le bon frère*; 2e édit. 1 vol. avec 21 vignettes par E. Bayard.
— *Les petits vagabonds*; 2e édit. 1 vol. avec 25 vignettes par F. Bayard.

Maréchal (Mlle). *La dette de Ben-Aïssa*; 2e édition. 1 vol. avec 20 vign. par Bertall.
— *Nos petits camarades*. 1 vol. avec 18 vign. par Bayard, Castelli, etc.

Marmier : *L'arbre de Noël*; 2e édit. 1 vol. avec 60 vignettes par Bertall.

Mayne-Reid (le capitaine). Ouvrages traduits de l'anglais :
— *Les chasseurs de girafes*, traduit par H. Vattemare; 3e édit. 1 vol. avec 10 vignettes par A. de Neuville.
— *A fond de cale*, traduit par Mme H. Loreau; 3e édit. 1 vol. avec 12 vignettes.
— *A la mer!* traduit par Mme H. Loreau; 5e édit. 1 vol. avec 12 vignettes.
— *Bruin, ou les chasseurs d'ours*, traduit par A. Letellier. 1 vol. avec 8 vignettes.
— *Le chasseur de plantes*, traduit par Mme H. Loreau. 1 vol. avec 12 vignettes.
— *Les exilés dans la forêt*, traduit par Mme H. Loreau; 4e édit. 1 vol. avec 12 vignettes.
— *Les grimpeurs de rochers*, traduit par Mme H. Loreau. 1 vol. avec 20 vignettes.
— *Les peuples étranges*, traduit par Mme H. Loreau. 1 vol. avec 8 vignettes.
— *Les vacances des jeunes Boërs*, traduit par Mme H. Loreau. 1 vol. avec 12 vignettes.
— *Les veillées de chasse*, traduit par B. B. Révoil. 1 vol. avec 43 vignettes par Freemann.
— *L'habitation du désert, ou Aventures d'une famille perdue dans les solitudes de l'Amérique*. Traduit par Le François. 1 vol. avec 24 vignettes par G. Doré.

Muller (Eugène). *Robinsonette*; 3e éd. 1 vol. avec 22 vignettes par Lix.

Peyronny (Mme de), née d'Isle: *Deux cœurs dévoués*; 3e édit. 1 vol. avec 53 vignettes par J. Devaux.
Les deux premières éditions ont paru sous le titre de : *Histoire de deux âmes*.

Pitray (Mme la vicomtesse de) : *Les enfants des Tuileries*; 3e édit. 1 vol. avec 57 vignettes par Bayard.
— *Les débuts du gros Philéas*; 2e édit. 1 vol. avec 17 vignettes par Castelli.
— *Le château de la Pétaudière*; 2e édit. 1 vol. avec 18 vign. par A. Marie.

Rendu (V.) : *Mœurs pittoresques des insectes*. 1 vol. avec 49 vignettes.
Ouvrage couronné par la Société pour l'instruction élémentaire.

Sandras (Mme) : *Mémoires d'un lapin blanc*; 3e édit. 1 vol. avec 30 vignettes par E. Bayard.
Ouvrage couronné par la Société pour l'instruction élémentaire.

Sannois (Mme la comtesse de) : *Les soirées à la maison*; 2e édit. 1 vol. avec 42 vignettes par E. Bayard.

Ségur (Mme la comtesse de) : *Après la pluie, le beau temps*; 2e édit. 1 vol. avec 128 vignettes par E. Bayard.
— *Le mauvais génie*; 3e édit. 1 vol. avec 90 vignettes par E. Bayard.
— *Comédies et proverbes*; 6e édit. 1 vol. avec 60 vignettes par E. Bayard.
— *Diloy le chemineau*; 4e édit. 1 vol. avec 90 vignettes par H. Castelli.
— *François le bossu*; 5e édit. 1 vol. avec 114 vignettes par E. Bayard.
— *Jean qui grogne et Jean qui rit*; 6e édit. 1 vol. avec 70 vignettes par Castelli.
— *La fortune de Gaspard*; 5e édit. 1 vol. avec 32 vignettes par Gerlier.
— *La sœur de Gribouille*; 6e édit. 1 vol. avec 72 vignettes par Castelli.
— *L'auberge de l'ange gardien*; 10e édition. 2 vol. avec 71 vignettes par Foulquier.
— *Le général Dourakine*; 9e édit. 1 vol. avec 100 vign. par E. Bayard.
— *Les bons enfants*; 7e édit. 1 vol. avec 70 vignettes par Ferogio.
— *Les deux nigauds*; 8e édit. 1 vol. avec 76 vignettes par Castelli.
— *Les malheurs de Sophie*; 11e édit. 1 vol. avec 48 vignettes par Castelli.
— *Les petites filles modèles*; 8e édit. 1 vol. avec 21 grandes vignettes par Bertall.
— *Les vacances*; 6e édit. 1 vol. avec 36 vignettes par Bertall.
— *Mémoires d'un âne*; 9e édit. 1 vol. avec 75 vignettes par Castelli.
— *Pauvre Blaise*; 3e édit. 1 vol. avec 63 vignettes par Castelli.

— *Quel amour d'enfant!* 5e édit. 1 vol. avec 79 vignettes par E. Bayard.
— *Un bon petit diable :* 7e édit. 1 vol. avec 100 vignettes par Castelli.
Stolz (Mme de) : *La maison roulante ;* 4e édit. 1 vol. avec 90 vignettes sur bois par E. Bayard.
— *Le trésor de Nanette ;* 3e édition. 1 vol. avec 25 vignettes par E. Bayard.
— *Blanche et noire ;* 3e édit. 1 vol. avec 54 vignettes par E. Bayard.
— *Par-dessus la haie ;* 3e édit. 1 vol. avec 6 vignettes par A. Marie.
— *Les poches de mon oncle ;* 2e édit. 1 vol. avec 20 vignettes par Bertall.
— *Les vacances d'un grand-père ;* 2e éd. 1 vol. avec 40 vign. par J. Delafosse.
— *Quatorze jours de bonheur ;* 2e édit. 1 vol. avec 55 vignettes par Bertall.
— *Le Vieux de la Forêt ;* 2e édit. 1 vol. avec 40 vignettes.

Swift : *Voyages de Gulliver à Lilliput, à Brobdingnay et au pays des Hanyhnhums ;* traduits de l'anglais et abrégés à l'usage des enfants. 1 vol. avec 75 vignettes.
Taulier (Jules) : *Les deux petits Robinsons de la Grande-Chartreuse ;* 4e édit. 1 vol. avec 69 vignettes par E. Bayard et Hubert Clerget.
Tournier : *Les premiers chants ;* poésies à l'usage de la jeunesse, avec 20 vignettes par Gustave Roux.
Vimont (Ch) : *Histoire d'un navire ;* 6e édit. 1 vol. avec 40 vignettes par Alex. Vimont.
Witt, née Guizot (Mme de) : *Enfants et parents ;* 2e édit. un vol. avec 34 vignettes par A. de Neuville.
— *La petite fille aux grand'mères ;* 2e édition. 1 vol. avec 36 vign. par Beau.

3e SÉRIE. — POUR LES ADOLESCENTS
ET POUVANT FORMER UNE BIBLIOTHÈQUE POUR LES JEUNES FILLES DE 14 A 18 ANS.

VOYAGES

Agassiz (M. et Mme) : *Voyage au Brésil ;* traduit de l'anglais par Vogell et abrégé par J. Belin de Launay. 1 vol. avec 10 gravures et une carte.
Aunet (Mme L. d') : *Voyage d'une femme au Spitzberg ;* 4e édit. 1 vol. avec 34 gravures.
Baines (Th.) : *Voyage dans le sud-ouest de l'Afrique ;* traduits et abrégés par J. Belin de Launay ; 2e édit. 1 vol. avec 1 carte et 22 gravures.
Baker (S.W.) : *Le lac Albert ;* 2e édit. Nouveau voyage aux sources du Nil. 1 vol. abrégé sur la traduction de Gustave Masson par J. Belin de Launay, avec 16 vignettes et 1 carte.
Baldwin : *Du Natal au Zambèze,* 1851-1866. Récits de chasse. Traduits par Mme Henriette Loreau et abrégés par J. Belin de Launay ; 2e édit. 1 vol. avec 24 gravures et 1 carte.
Burton (Le capitaine) : *Voyages à La Mecque, aux grands lacs d'Afrique et chez les Mormons,* abrégés par J. Belin de Launay. 1 vol. avec 12 gravures et 3 cartes.

Catlin : *La vie chez les Indiens,* traduit de l'anglais ; 4e édit. 1 vol. avec 25 gravures.
Fonvielle (W. de) : *Le Glaçon du Polaris.* Aventures du capitaine Tyson, 2e édit. 1 vol. avec 19 grav. et 1 carte.
Hayes (Dr J.-J.) : *La mer libre du pôle.* Traduction de M. F. de Lanoye. 1 vol. avec 14 gravures et 1 carte.
Hervé et de Lanoye : *Voyage dans les glaces du pôle arctique ;* 4e édit. 1 vol. avec 40 gravures.
Lanoye (Ferd. de) : *Le Nil et ses sources ;* 3e édit. 1 vol. avec 32 gravures et cartes.
— *Ramsès-le-Grand, ou l'Égypte il y a trois mille trois cents ans ;* 2e édition. 1 vol. avec 39 vignettes par Lancelot, Bayard, etc.
— *La Sibérie ;* 2e édition. 1 vol. avec 48 vignettes par Lebreton, etc.
— *Les grandes scènes de la nature ;* 3e édit. 1 vol. avec 40 gravures.
— *La mer polaire,* voyage de l'*Erèbe* et de la *Terreur,* et expédition à la recherche de Franklin ; 3e édit. 1 vol. avec 29 gravures et des cartes.

Livingstone (David et Charles) : *Explorations dans l'Afrique australe*, abrégées par J. Belin de Launay. 1 vol. avec 20 gravures et 1 carte.

Mage (L.) : *Voyage dans le Soudan occidental*, abrégé par J. Belin de Launay. 2ᵉ édit. 1 vol. avec 16 gravures et 1 carte.

Milton et **Cheadle** : *Voyage de l'Atlantique au Pacifique*, traduit et abrégé par J. Belin de Launay. 1 vol. avec 16 gravures et 2 cartes.

Mouhot (Henri) : *Voyages dans les royaumes de Siam, de Cambodge et de Laos*, relation extraite du Journal de l'auteur, par F. de Lanoye. 1 vol. avec 28 gravures et 1 carte.

Palgrave (W.G.) : *Une année dans l'Arabie centrale*, traduction abrégée par J. Belin de Launay, avec 12 gravures et une carte. 1 vol.

Perron d'Arc : *Aventures d'un voyageur en Australie, neuf mois de séjour chez les Nagarnooks*; 2ᵉ édit. 1 vol. avec 24 vignettes par Lix.

Pfeiffer (Mme Ida) : *Voyages autour du monde*, abrégés par J. Belin de Launay; 2 édit. 1 vol. avec 17 gravures et 1 carte.

Piotrowski : *Souvenirs d'un Sibérien*; 2 édit. 1 vol. avec 10 gravures.

Schweinfurth (G.) : *Au cœur de l'Afrique* (1868-1871). Traduction de Mme H. Loreau, abrégée par J. Belin de Launay. 1 vol. avec 46 vignettes et 1 carte.

Speke : *Les sources du Nil*, édition abrégée par J. Belin de Launay des Voyages de Speke et de Grant ; 3ᵉ éd. 1 vol. avec 24 gravures et 3 cartes.

Stanley : *Comment j'ai retrouvé Livingstone*. Traduction de Mme Loreau, abrégée par J. Belin de Launay. 1 vol. avec 16 vignettes et 1 carte.

Vambéry (A.) : *Voyages d'un faux derviche dans l'Asie centrale*, traduits de l'anglais par E. D. Forgues et abrégés par J. Belin de Launay; 2 édit. 1 vol. avec 18 gravures et 1 carte.

HISTOIRE

Le loyal serviteur : *[…] gentil seigneur de Bayard*, abrégée à l'usage de la jeunesse. Alph. Feillet; 2ᵉ édit. 1 vol. 36 vignettes par P. Sellier.

Monnier (Marc) : *Pompéi […] péens*; 3ᵉ édit., à l'usage de la jeunesse. 1 vol. avec [..] vignettes par Thérond.

Plutarque : *Vie des Grecs […]*, édition abrégée par A. Feillet sur la traduction de [...]. 2ᵉ édit. 1 vol. avec [..] vignettes par P. Sellier.

— *Vie des Romains illustres*, abrégée par A. Feillet sur la traduction de M. Talbot. 1 vol. avec vignettes par P. Sellier.

Retz (cardinal de) : *Mémoires*, abrégés par Alph. Feillet, avec 33 vignettes par Gilbert, etc. 1 vol.

LITTÉRATURE

Bernardin de Saint-Pierre : *Œuvres choisies*. 1 vol. avec [..] vignettes par E. Bayard.

Cervantès : *Histoire de l'admirable don Quichotte de la Manche*, édition à l'usage de la jeunesse. 1 vol. avec 64 vignettes par Bertall et Forest.

Homère : *L'Iliade et l'Odyssée*, traduites par P. Giguet et abrégées par Alph. Feillet. 1 vol. avec 33 vignettes par Olivier.

Le Sage : *Aventures de Gil Blas*, édition à l'usage de la jeunesse. 2 vol. avec 50 vignettes par Laroche.

Mac-Intosch (Miss) : *Contes américains*, traduits par Mme Dionis. 2 vol. avec 120 vignettes par E. Bayard.

Maistre (Xavier de) : *Œuvres choisies*. 1 vol. avec 15 vignettes par E. Bayard.

Molière : *Œuvres choisies*, abrégées à l'usage de la jeunesse. 2 vol. avec 22 vignettes par Hilemacher.

Virgile : *Œuvres choisies*, traduites et abrégées à l'usage de la jeunesse, par Th. Barrau et Alph. Feillet. 1 vol. avec 20 vignettes par P. Sellier.

Paris. — Impr. E. Capiomont et V. Renault, rue des Poitevins, 6.

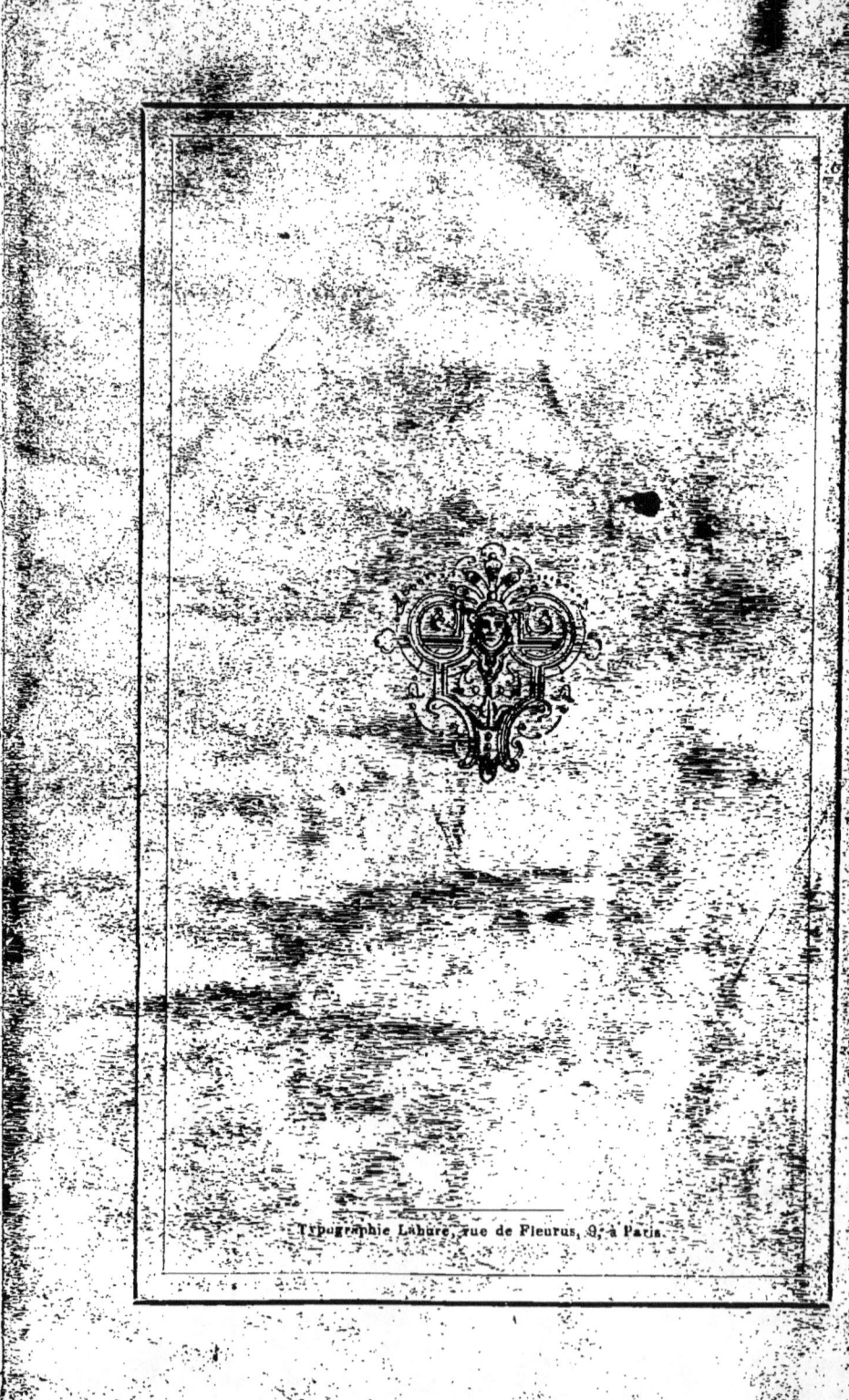

Typographie Lahure, rue de Fleurus, 9, à Paris.

www.ingramcontent.com/pod-product-compliance
Lightning Source LLC
Chambersburg PA
CBHW070824170426
43200CB00007B/889